U0636238

古陶文

下

赫俊紅 主編

国家出版基金项目
NATIONAL PUBLICATION FOUNDATION

中華書局

瓦登

瓦登

瓦登

瓦登

編號01469.09.001–01469.09.004

瓦登

瓦登

瓦登

瓦登

編號01469.09.005–01469.09.008

瓦登

瓦登

瓦登

瓦登

編號01469.09.009-01469.09.012

瓦登

瓦登

瓦登

瓦登

編號01469.09.013–01469.09.016

瓦登

瓦登

瓦登

瓦登

編號01469.09.017–01469.09.020

瓦登

瓦登

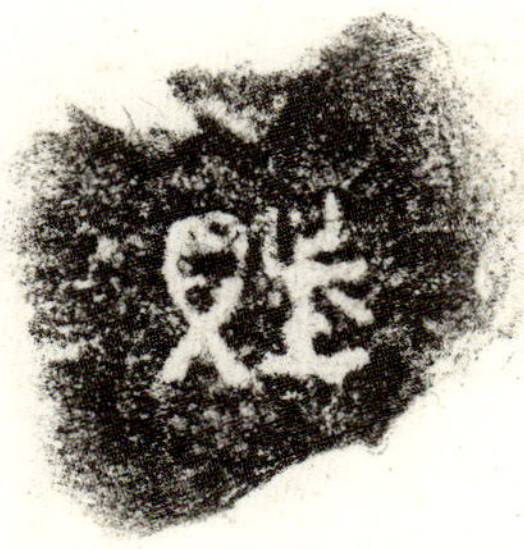

瓦登

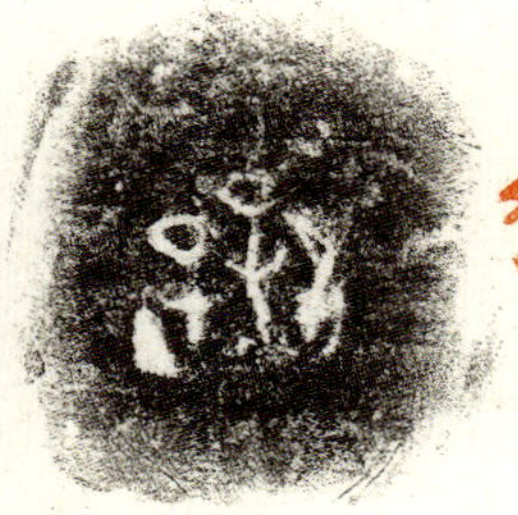

瓦登

編號01469.09.021–01469.09.024

瓦登

瓦登

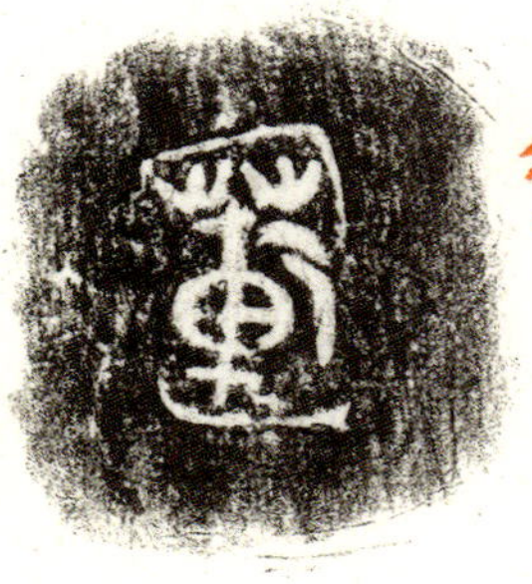

瓦登

瓦登

編號01469.09.025–01469.09.028

瓦登

瓦登

瓦登

瓦登

編號01469.09.029–01469.09.032

瓦登

瓦登

三代古陶軒

三代古陶軒

瓦登

瓦登

三代古陶軒

三代古陶軒

編號01469.09.033–01469.09.036

瓦登

瓦登

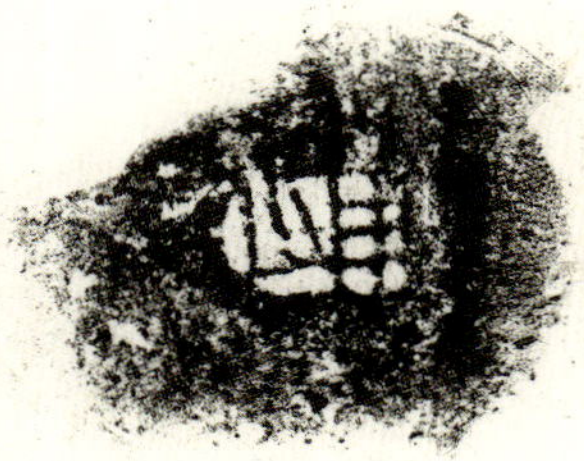

瓦登

瓦登

編號01469.09.037–01469.09.040

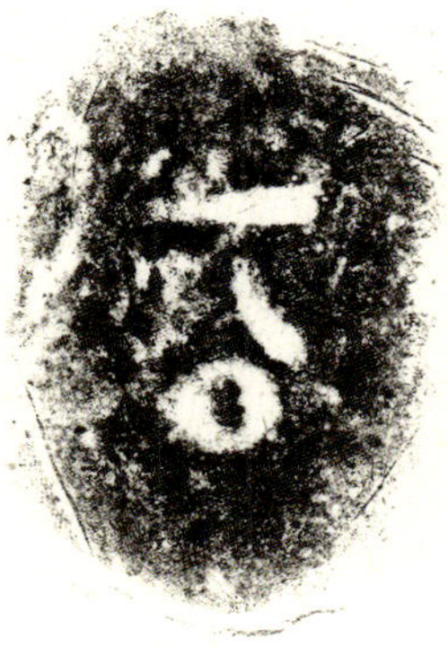

瓦登

瓦登

瓦登

瓦登

編號01469.09.041–01469.09.044

瓦登

瓦登

瓦登

瓦登

編號01469.09.045–01469.09.048

編號01469.09.049–01469.09.052

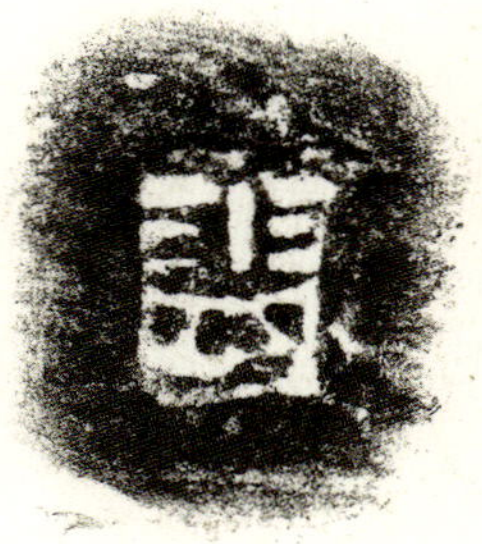

瓦登

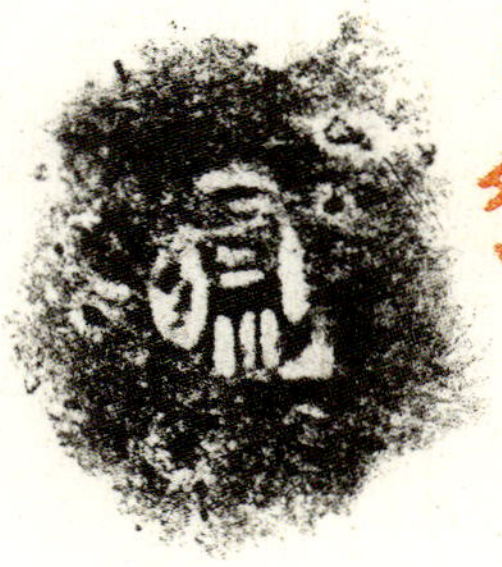

瓦登

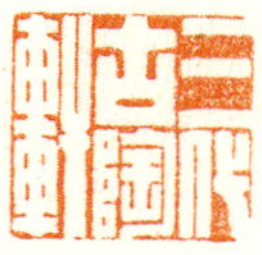

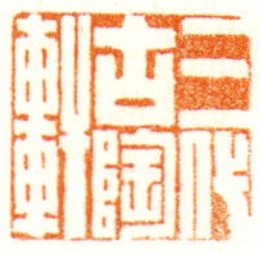

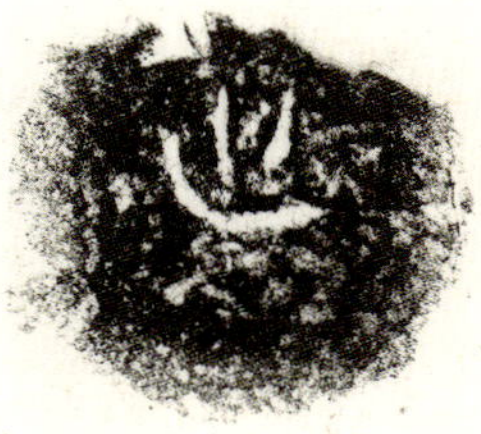

瓦登

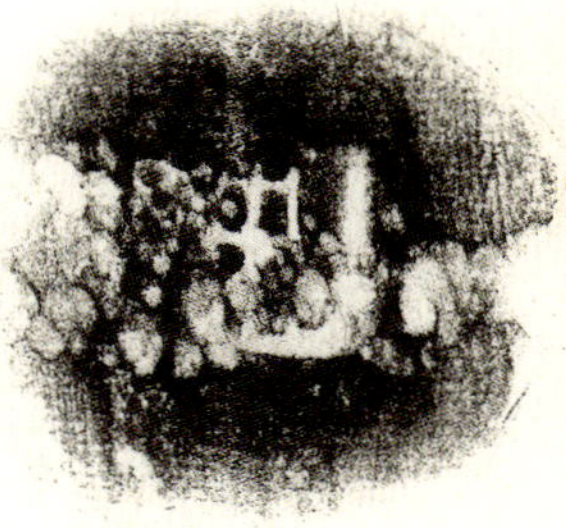

瓦登

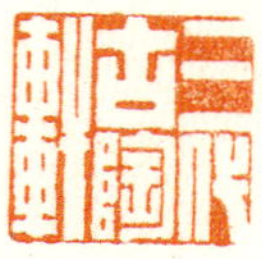

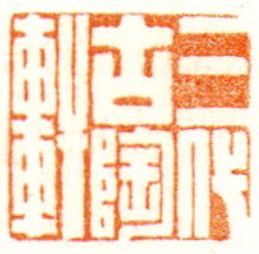

編號01469.09.053-01469.09.056

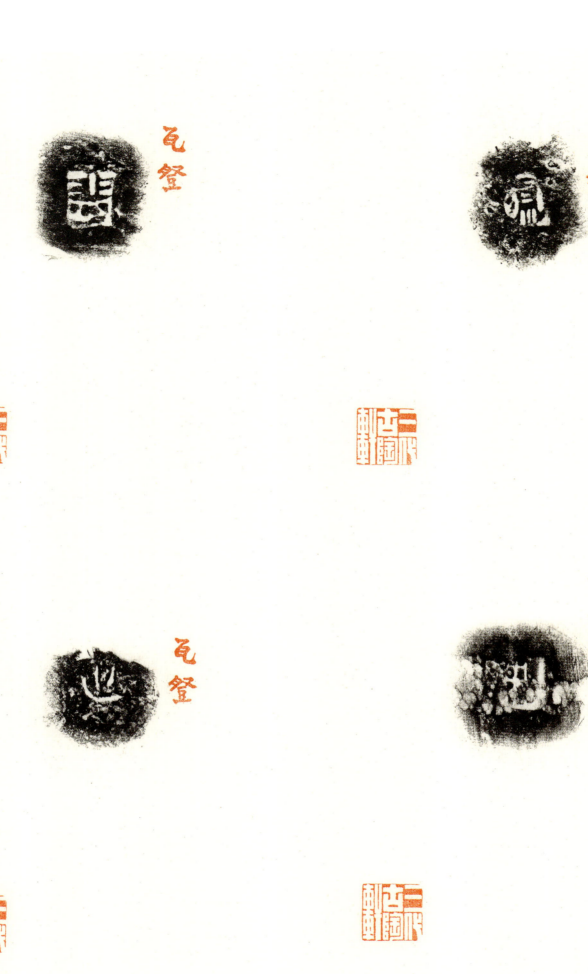

瓦登

瓦登

瓦登

瓦登

編號01469.09.057–01469.09.060

瓦登

瓦登

瓦登

瓦登

編號01469.09.061–01469.09.064

編號01469.09.065–01469.09.068

瓦登

瓦登

瓦登

瓦登

編號01469.09.069–01469.09.072

瓦登

瓦登

瓦登

瓦登

編號01469.09.073–01469.09.076

瓦登

瓦登

瓦登

瓦登

編號01469.09.077–01469.09.080

瓦登

瓦登

瓦登

瓦登

編號01469.09.081–01469.09.084

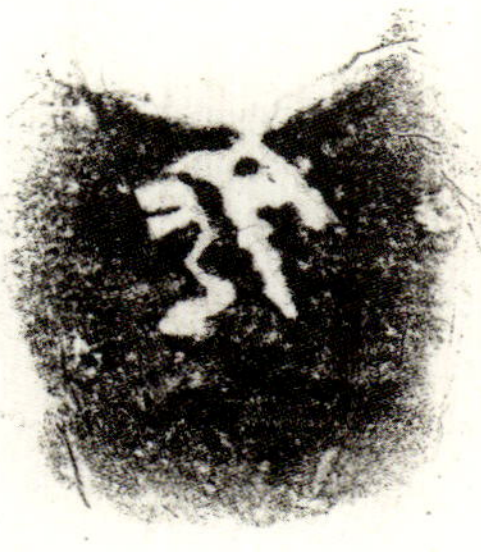

瓦登

瓦登

瓦登

瓦登

編號01469.09.085-01469.09.088

瓦登

瓦登

瓦登

瓦登

編號01469.09.089–01469.09.092

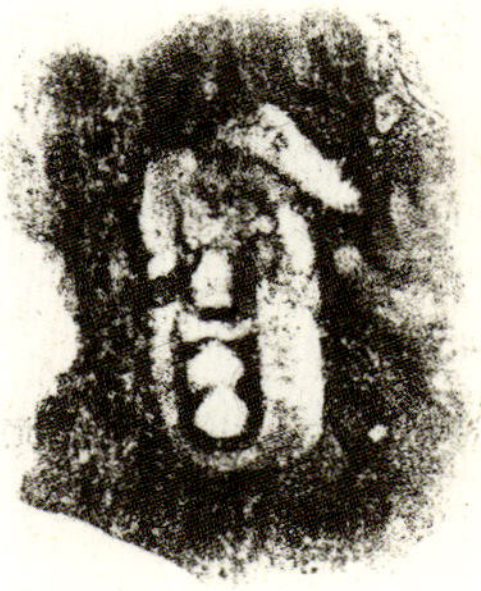

瓦登

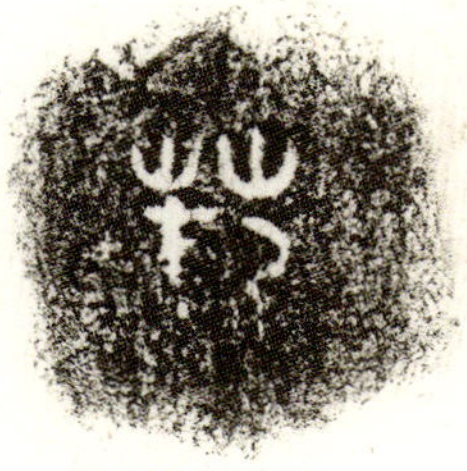

瓦登

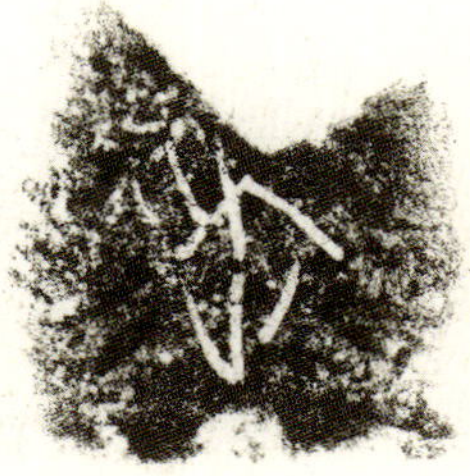

瓦登

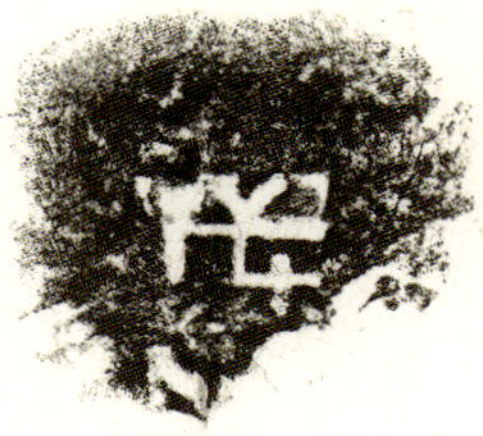

瓦登

編號01469.09.093–01469.09.096

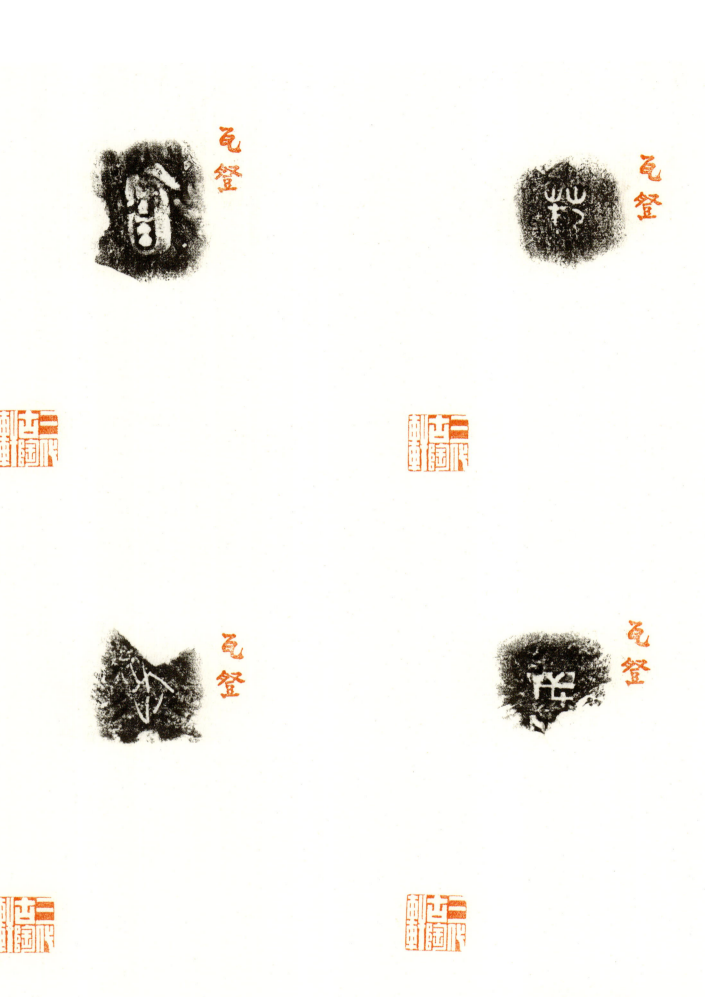

瓦登

瓦登

瓦登

瓦登

編號01469.09.097–01469.09.100

瓦登

瓦登

瓦登

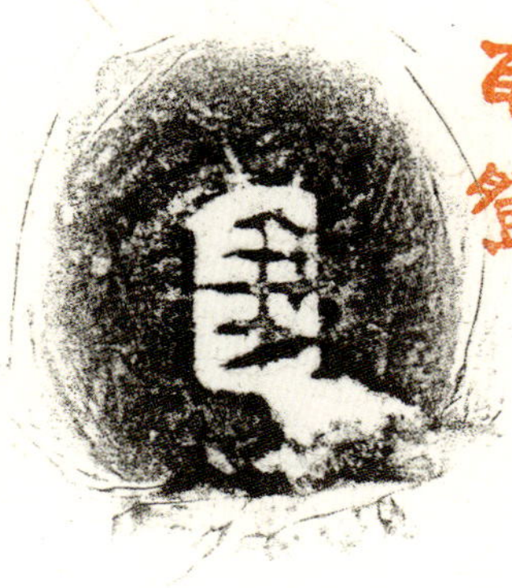

瓦登

編號01469.09.101–01469.09.104

瓦登

瓦登

瓦登

瓦登

編號01469.09.113–01469.09.116

瓦登

瓦登

瓦登

瓦登

編號01469.09.117–01469.09.120

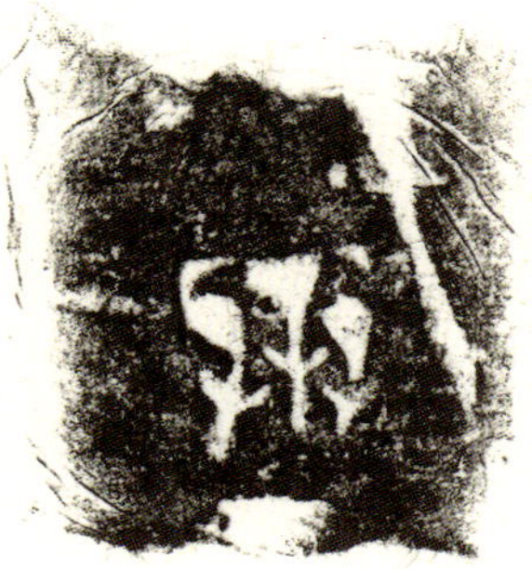

瓦登

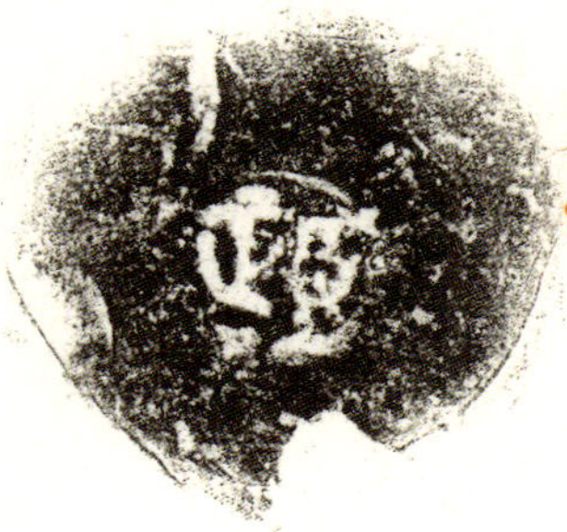

瓦登

瓦登

瓦登

編號01469.09.121–01469.09.124

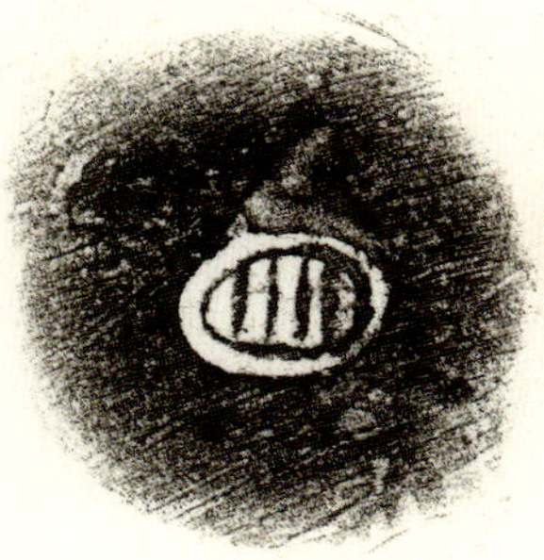

瓦登

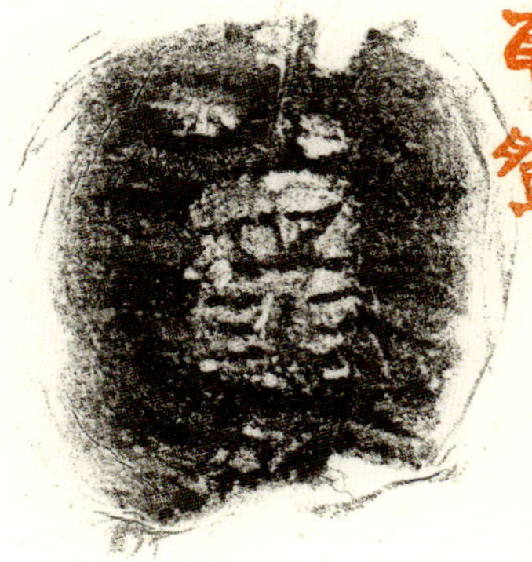

瓦登

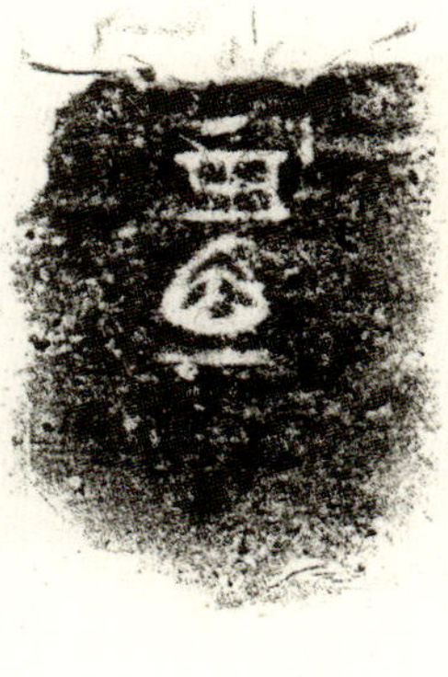

瓦登

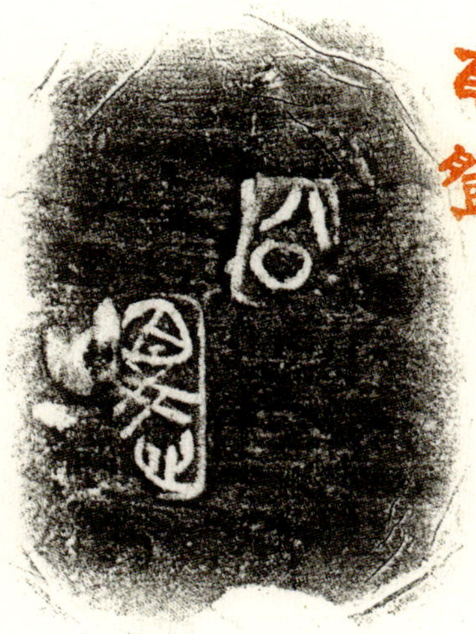

瓦登

編號01469.09.125–01469.09.128

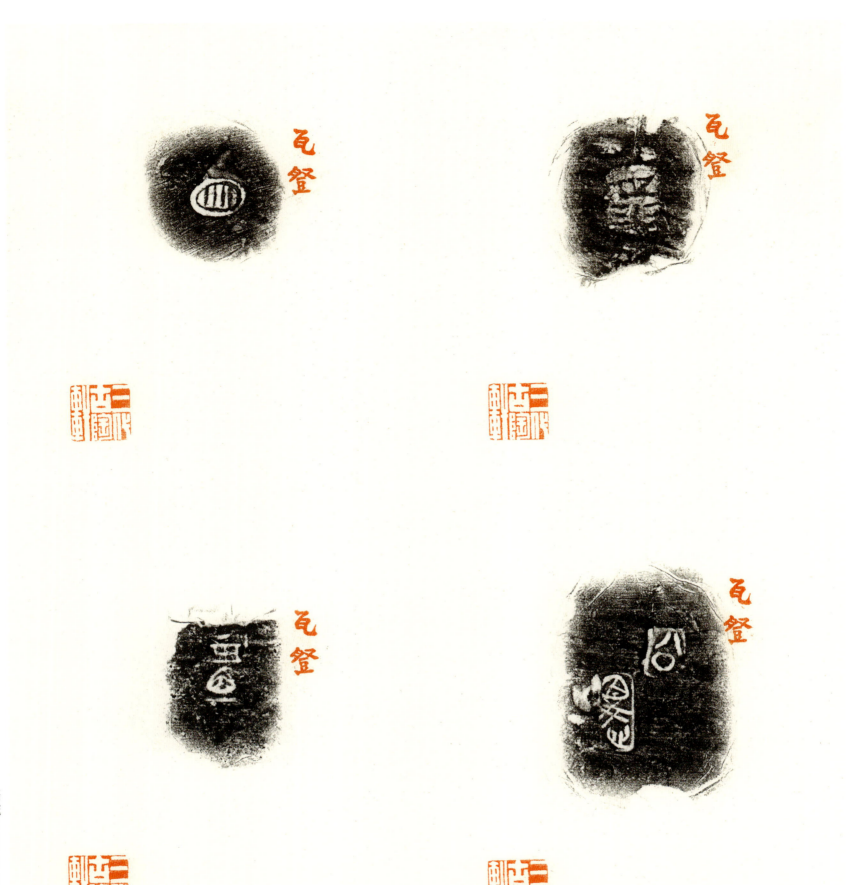

瓦登

瓦登

瓦登

瓦登

編號01469.09.129–01469.09.132

編號01469.09.133–01469.09.136

瓦登

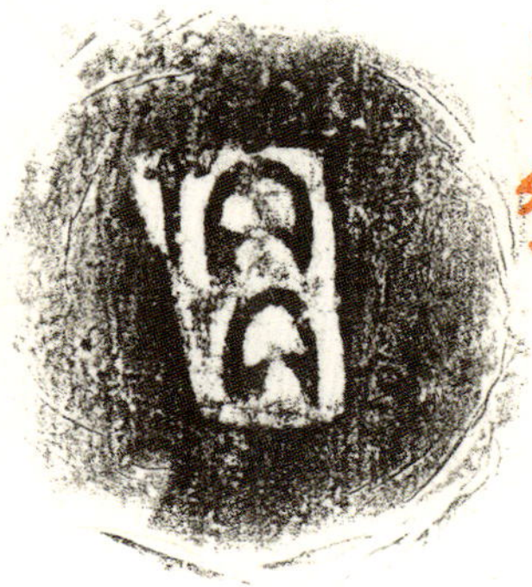

瓦登

瓦登

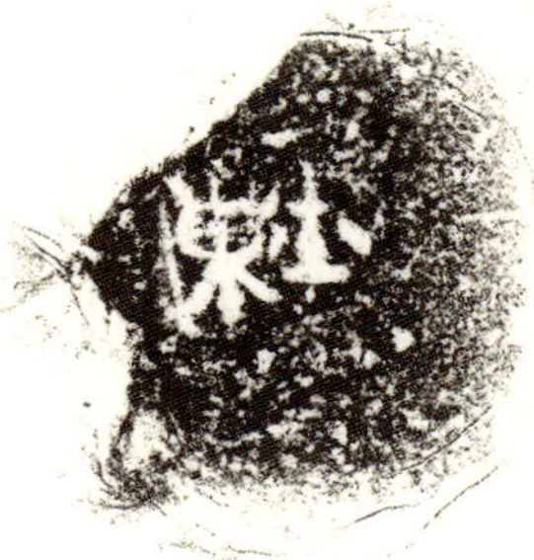

瓦登

編號01469.09.137-01469.09.140

瓦登

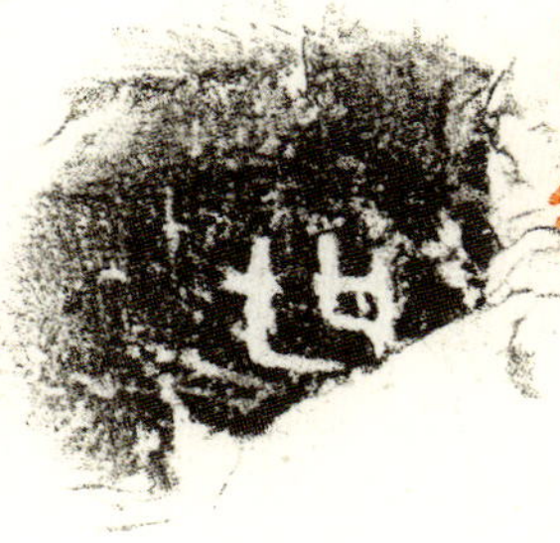

瓦登

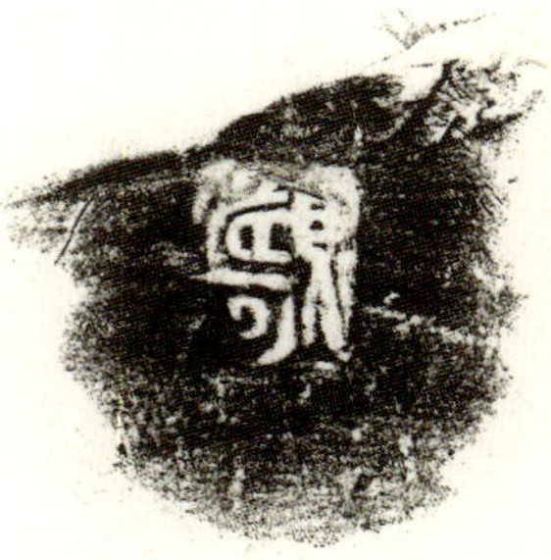

瓦登

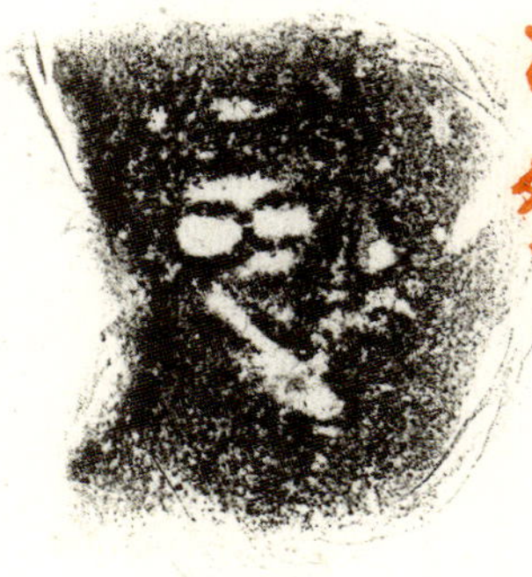

瓦登

編號01469.09.141-01469.09.144

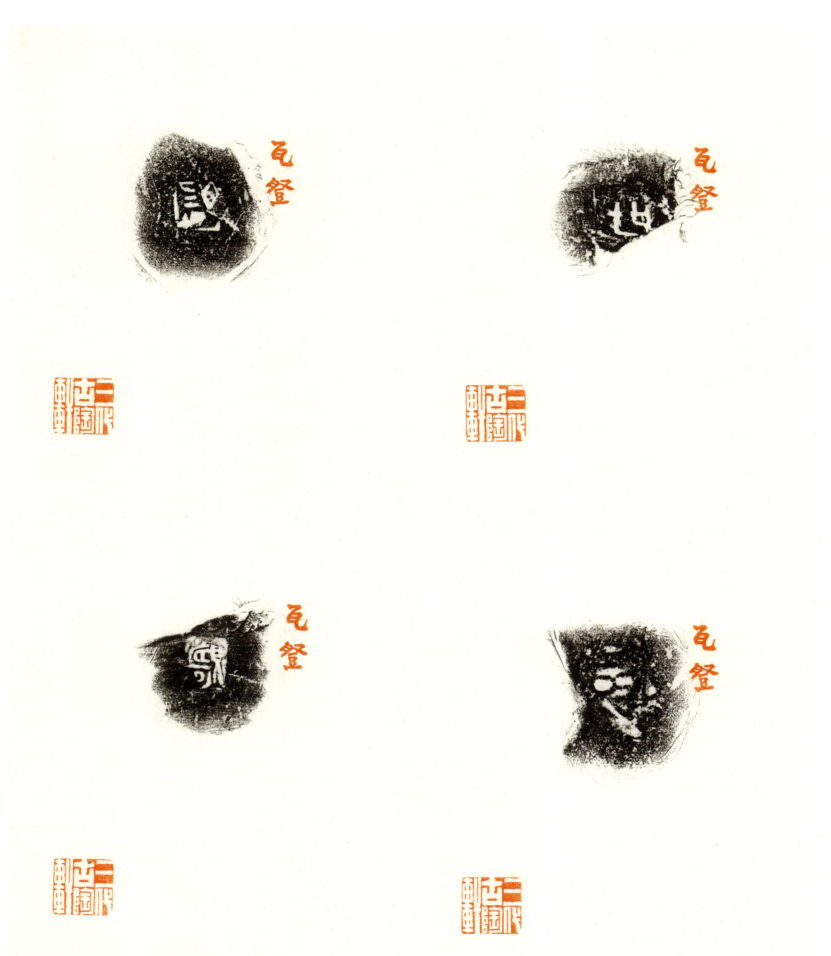

瓦登

瓦登

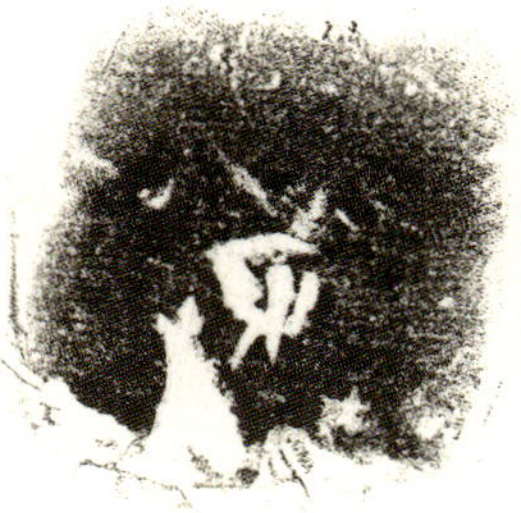
瓦登

瓦登

編號01469.09.145–01469.09.148

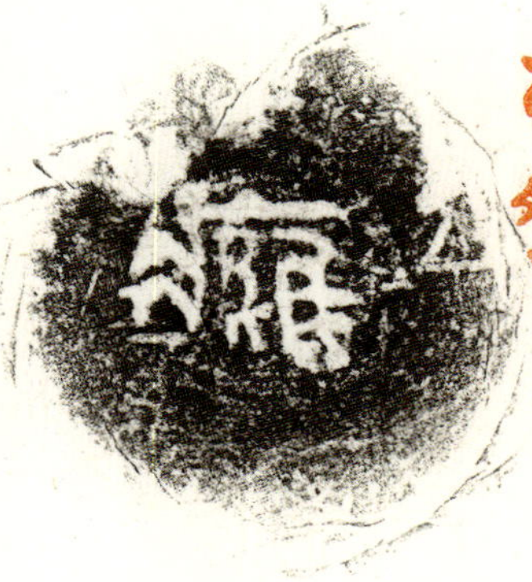
瓦登

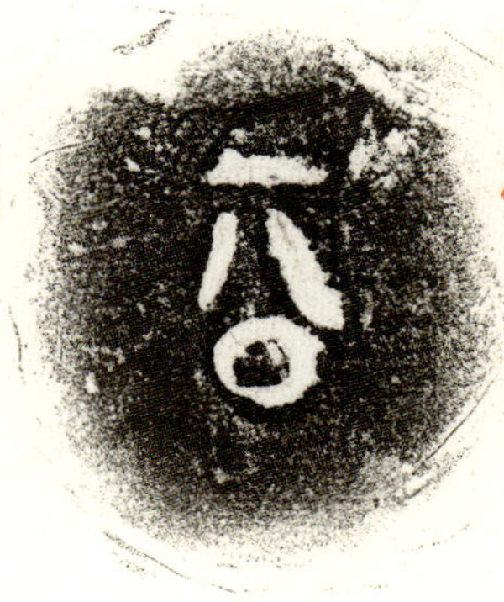
瓦登

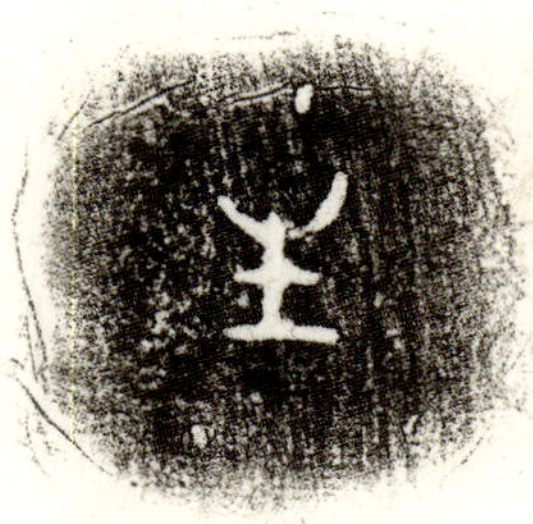
瓦登

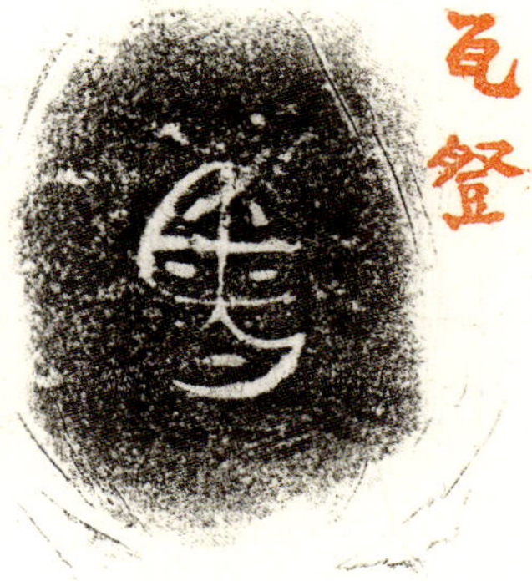
瓦登

編號01469.09.149–01469.09.152

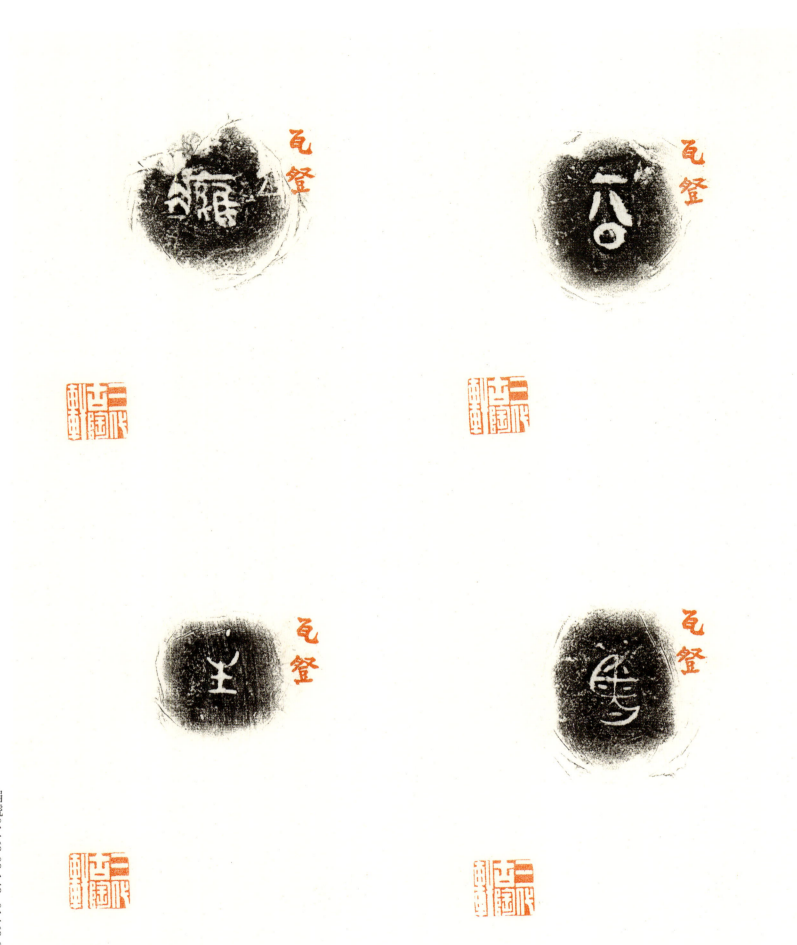

瓦登

瓦登

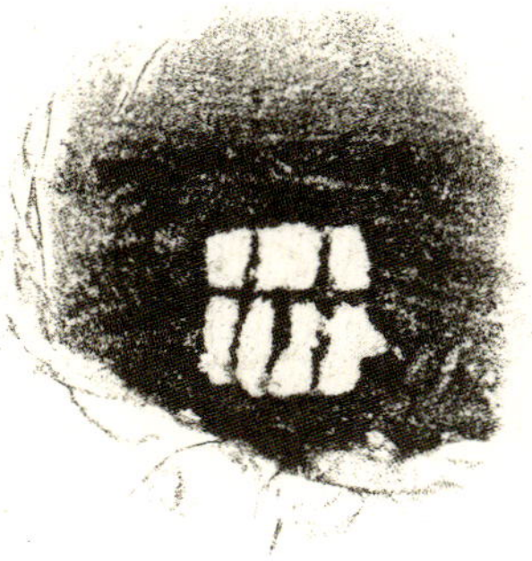

瓦登

瓦登

編號01469.09.153–01469.09.156

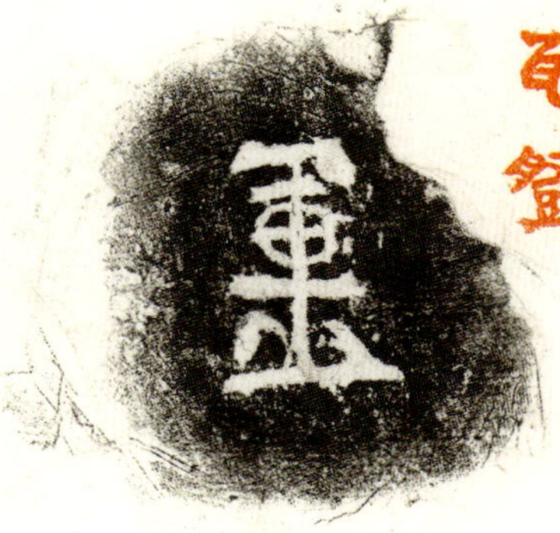

瓦登

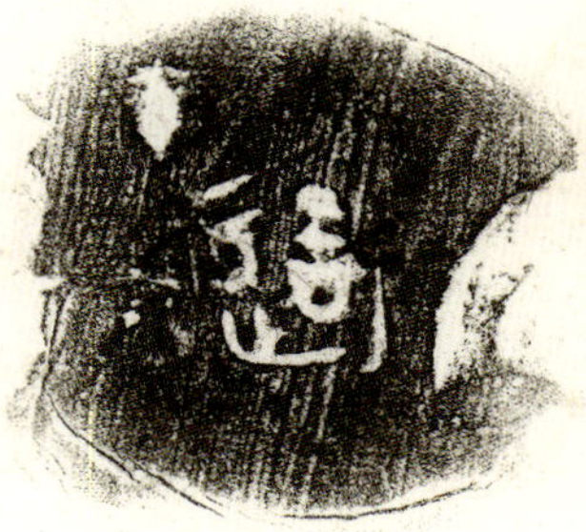

瓦登

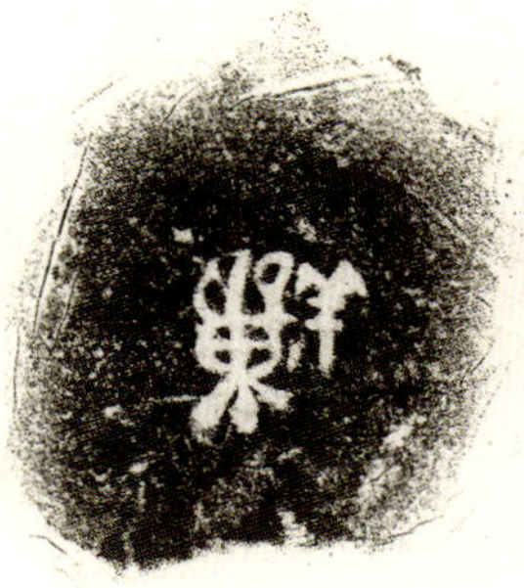

瓦登

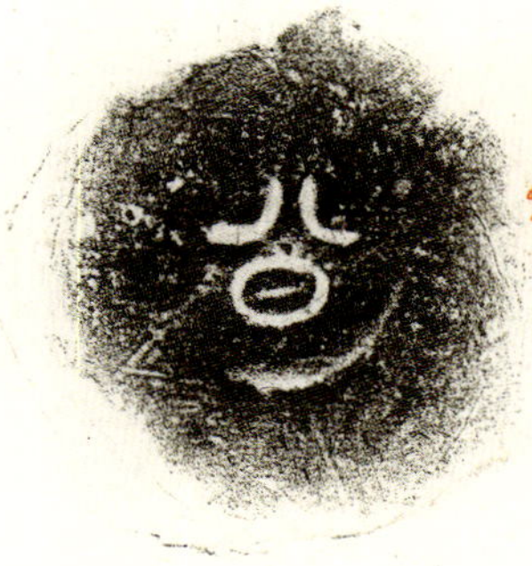

瓦登

編號01469.09.157–01469.09.160

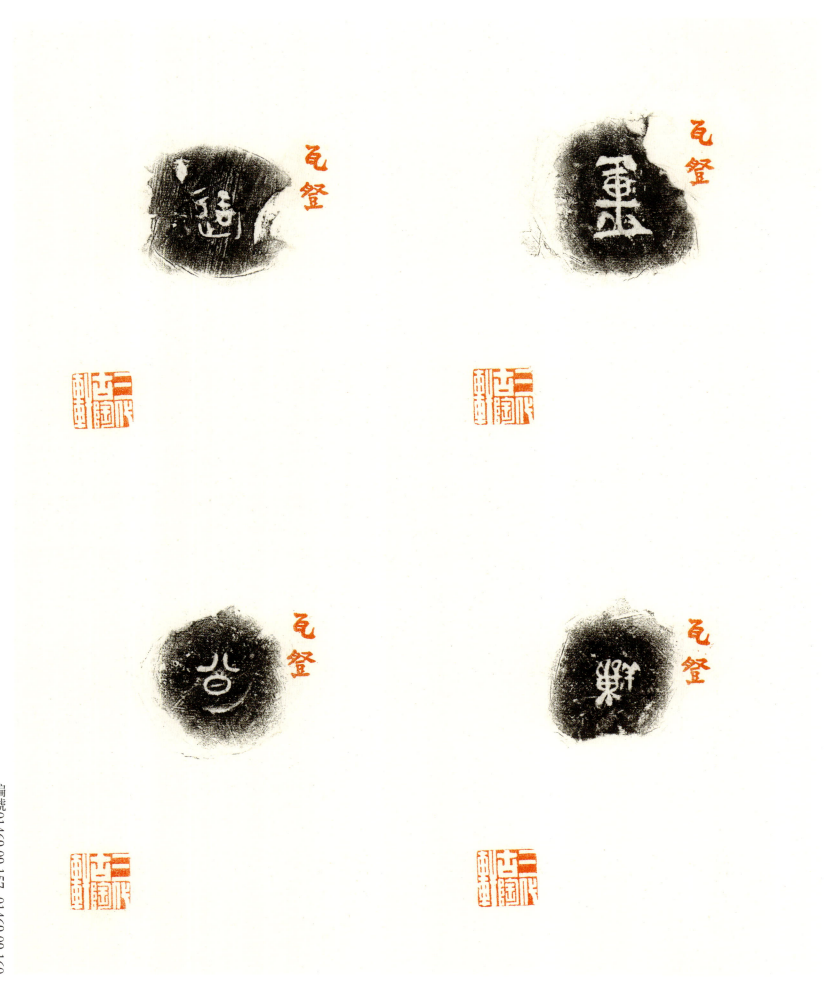

瓦登

瓦登

瓦登

瓦登

編號01469.09.161–01469.09.164

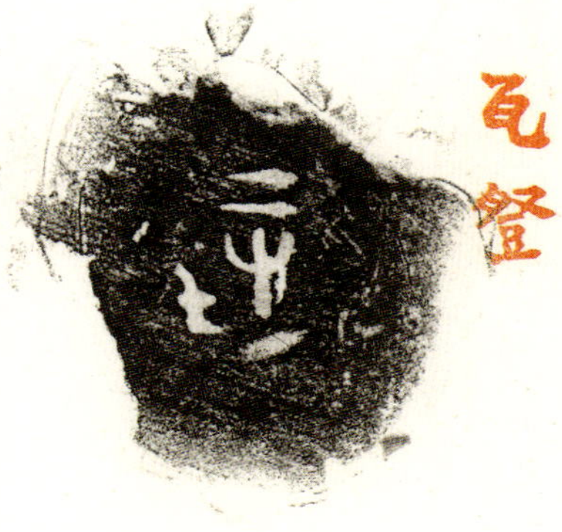

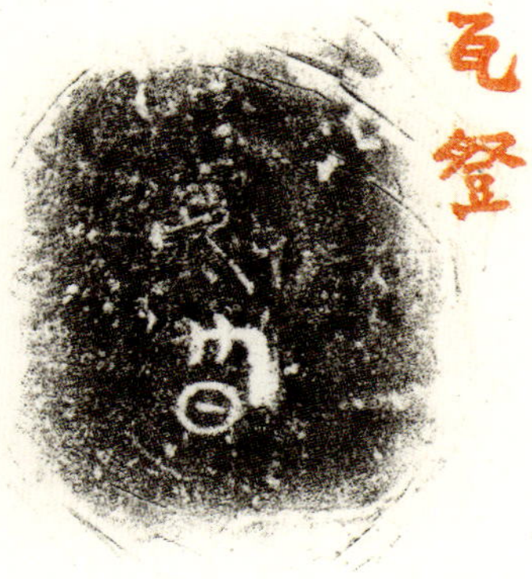

編號01469.09.165–01469.09.168

瓦登

瓦登

瓦登

瓦登

編號01469.09.169–01469.09.172

瓦登

瓦登

瓦登

瓦登

編號01469.09.173–01469.09.176

瓦登

瓦登

瓦登

瓦登

編號01469.09.177–01469.09.180

瓦登

瓦登

瓦登

瓦登

編號01469.09.181–01469.09.184

瓦登

瓦登

瓦登

瓦登

編號01469.09.185-01469.09.188

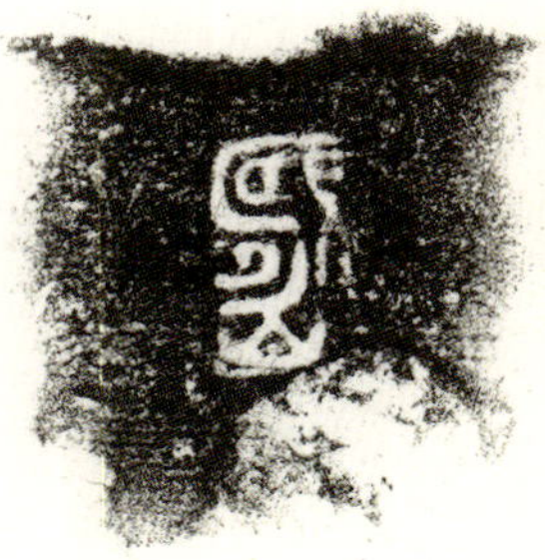

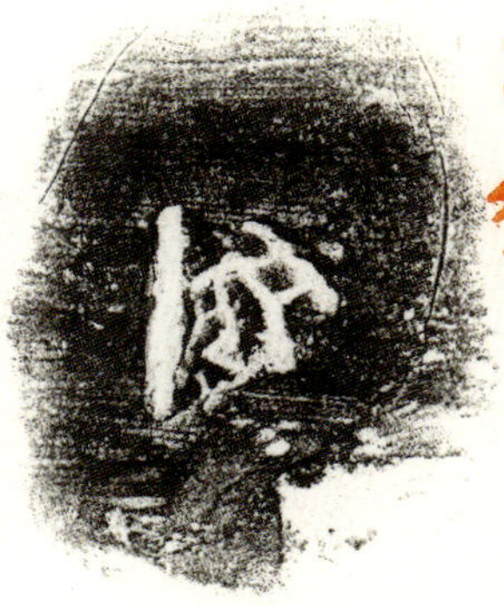

編號01469.09.189–01469.09.192

瓦登

瓦登

瓦登

瓦登

編號01469.09.193–01469.09.196

瓦登

瓦登

瓦登

瓦登

編號01469.09.197–01469.09.200

瓦登

瓦登

瓦登

瓦登

編號01469.09.201–01469.09.204

瓦登

瓦登

瓦登

瓦登

編號01469.09.205–01469.09.208

瓦登

瓦登

瓦登

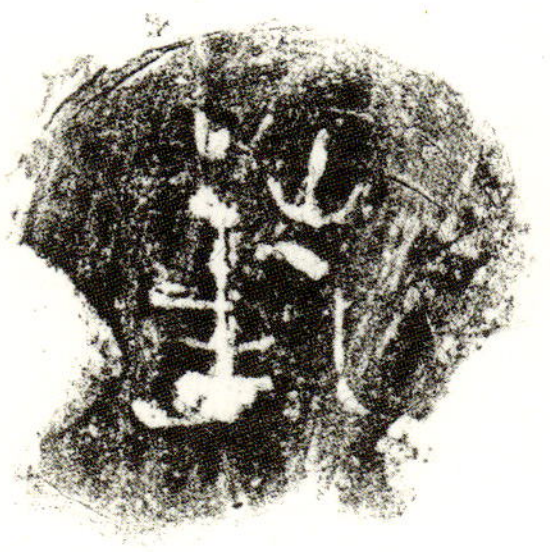

瓦登

編號01469.09.209–01469.09.212

瓦登

瓦登

瓦登

瓦登

編號01469.09.213–01469.09.216

瓦登

瓦登

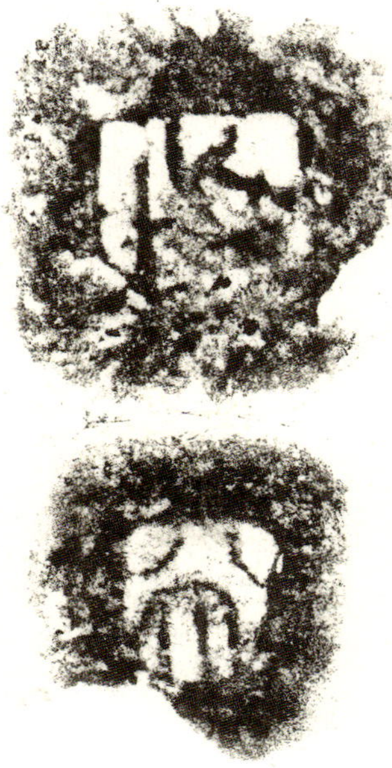

瓦登

瓦登

編號01469.09.217–01469.09.220

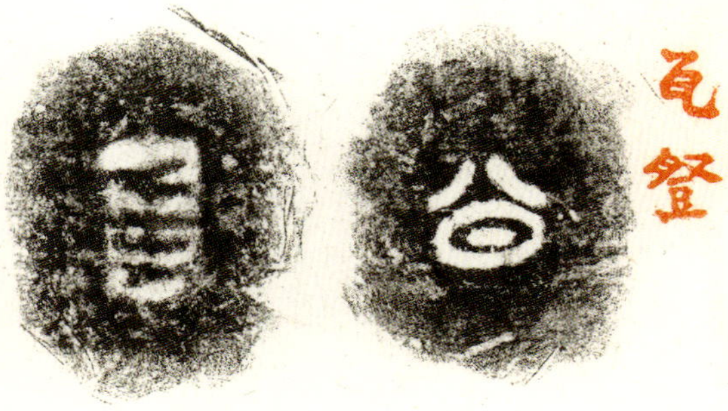

編號01469.09.221–01469.09.224

瓦登

瓦登

瓦登

瓦登

編號01469.09.225–01469.09.228

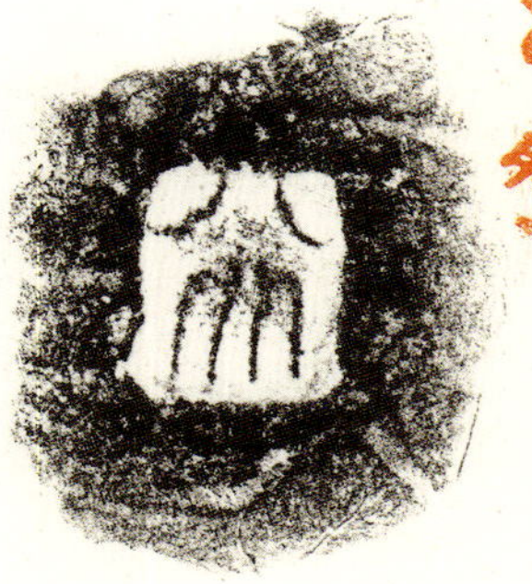

瓦登

瓦登

瓦登

瓦登

編號01469.09.229–01469.09.232

瓦登

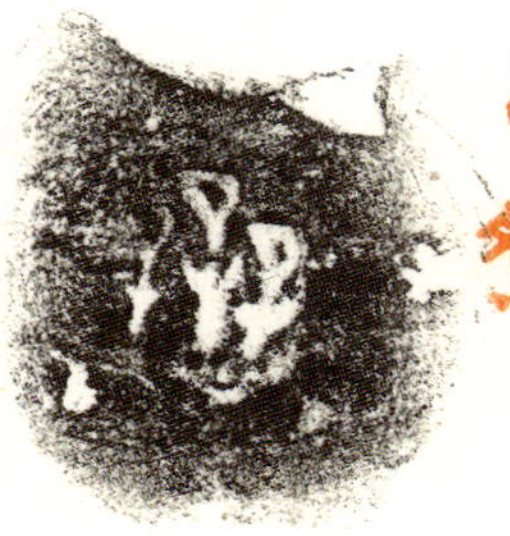

瓦登

瓦登

瓦登

編號01469.09.233–01469.09.236

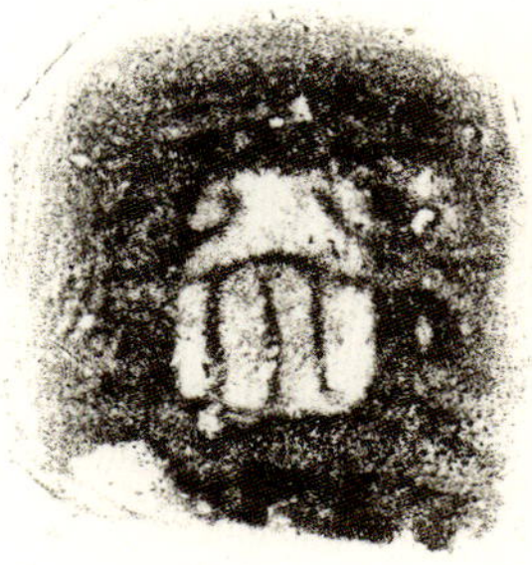

編號01469.09.237–01469.09.240

瓦登

瓦登

瓦登

瓦登

編號01469.09.241-01469.09.244

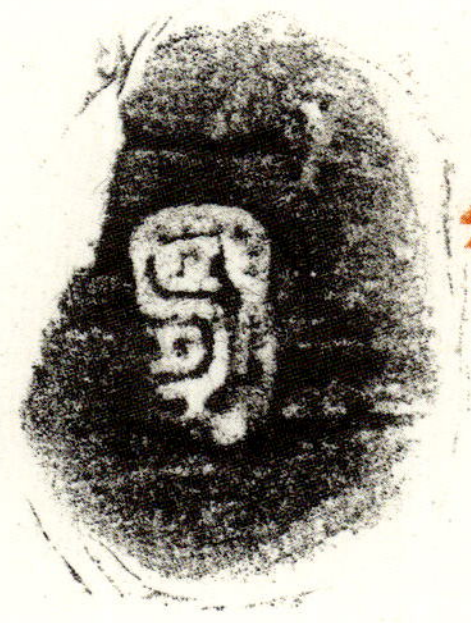

瓦登

瓦登

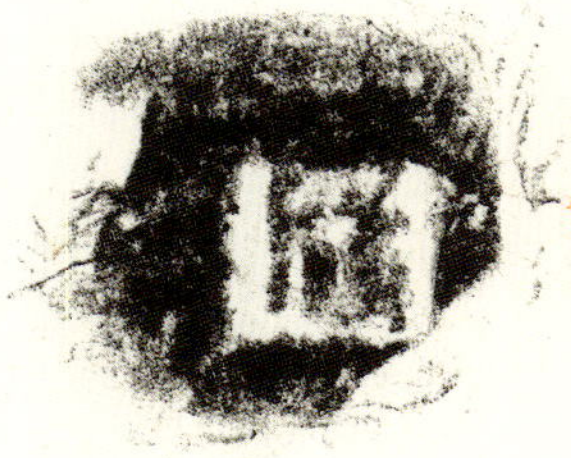

瓦登

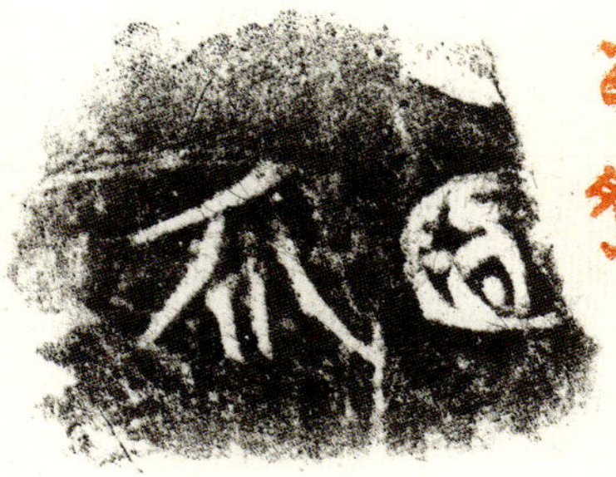

瓦登

編號01469.09.245–01469.09.248

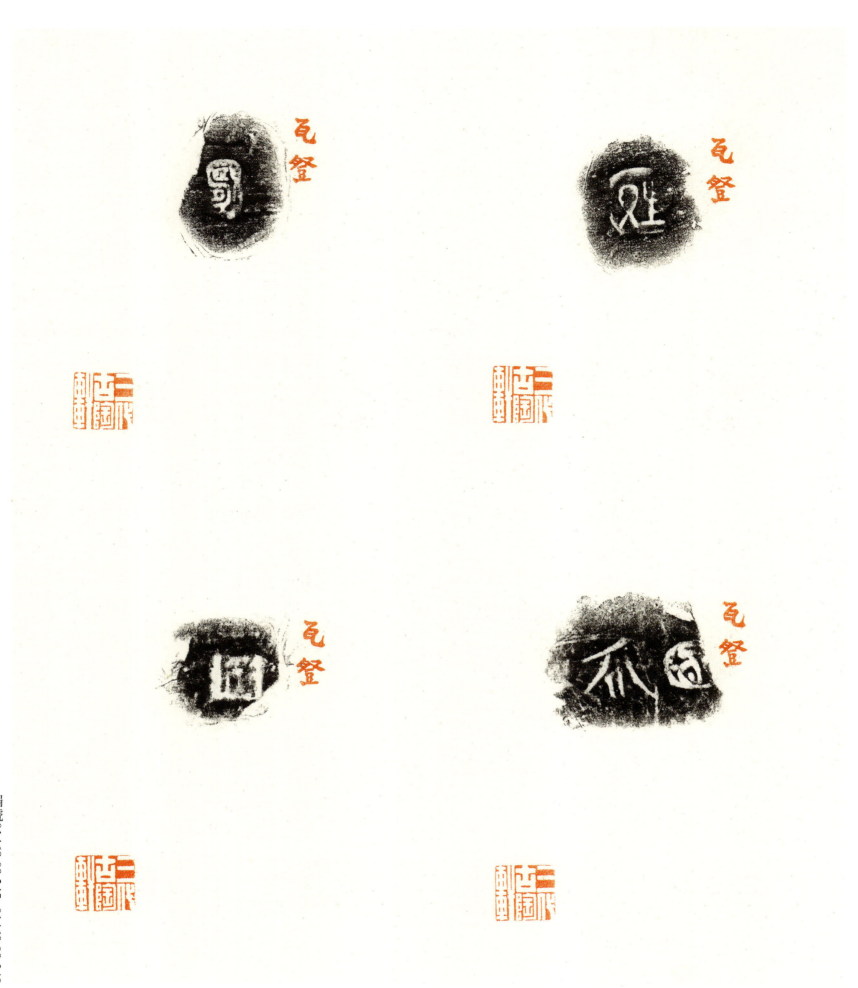

瓦登

瓦登

瓦登

瓦登

編號01469.09.249–01469.09.252

瓦登

瓦登

瓦登

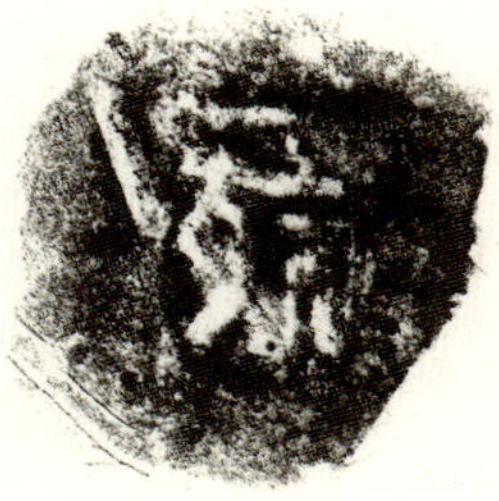

瓦登

編號01469.09.253-01469.09.256

瓦登

瓦登

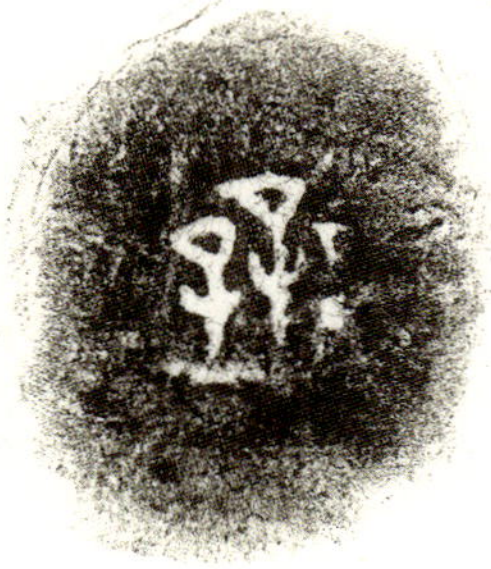

瓦登

瓦登

編號01469.09.257–01469.09.260

瓦登

瓦登

瓦登

瓦登

編號01469.09.261–01469.09.264

瓦登

瓦登

瓦登

瓦登

編號01469.09.265-01469.09.268

瓦登

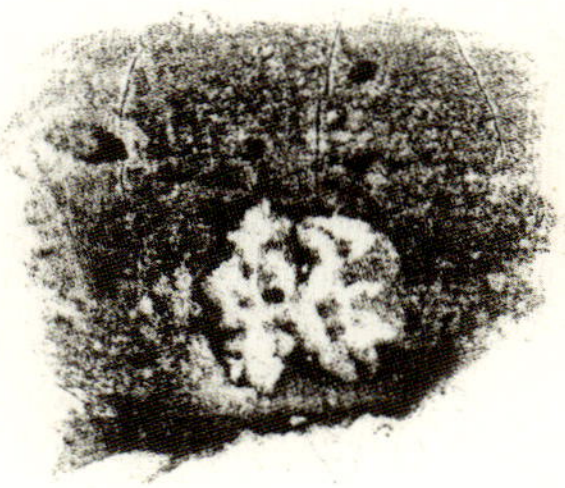

瓦登

瓦登

瓦登

編號01469.09.269–01469.09.272

瓦登

瓦登

瓦登

瓦登

編號01469.09.273–01469.09.276

瓦登

瓦登

瓦登

瓦登

編號01469.09.277–01469.09.280

瓦登

瓦登

瓦登

瓦登

編號01469.09.281–01469.09.284

瓦登

瓦登

瓦登

瓦登

編號01469.09.285–01469.09.288

瓦登

瓦登

瓦登

瓦登

編號01469.09.289–01469.09.292

瓦登

瓦登

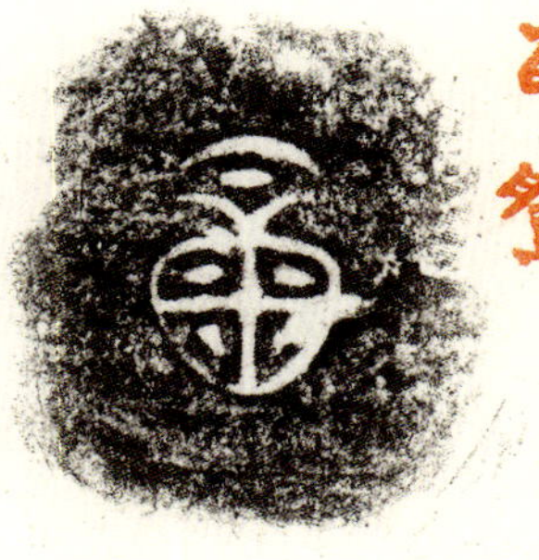
瓦登

瓦登

編號01469.09.293-01469.09.296

瓦登

瓦登

瓦登

瓦登

編號01469.09.297–01469.09.300

瓦登

瓦登

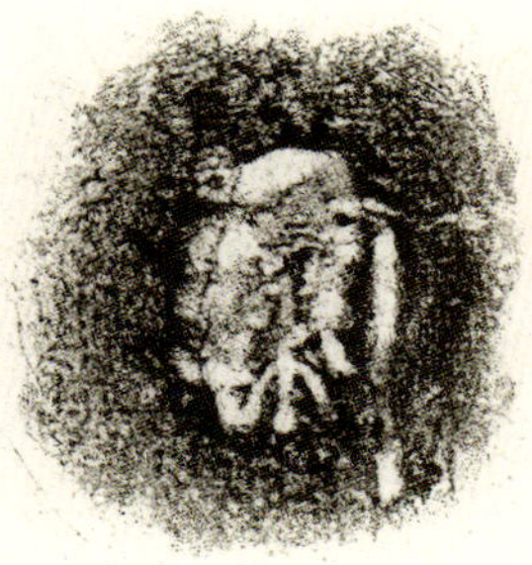

瓦登

瓦登

编號01469.09.301–01469.09.304

瓦登

瓦登

瓦登

瓦登

編號01469.09.305–01469.09.308

瓦登

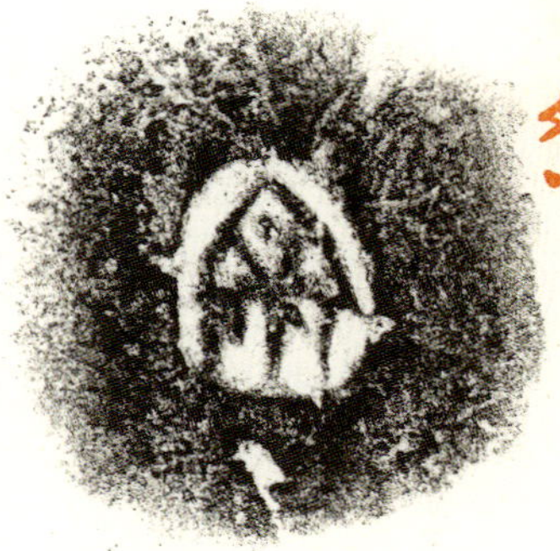

瓦登

瓦登

瓦登

編號01469.09.309–01469.09.312

瓦登

瓦登

瓦登

瓦登

編號01469.09.313–01469.09.316

瓦登

瓦登

瓦登

瓦登

編號01469.09.317–01469.09.320

瓦器

瓦器

瓦器

瓦器

編號01469.10.001–01469.10.004

編號01469.10.005–01469.10.008

編號01469.10.009–01469.10.012

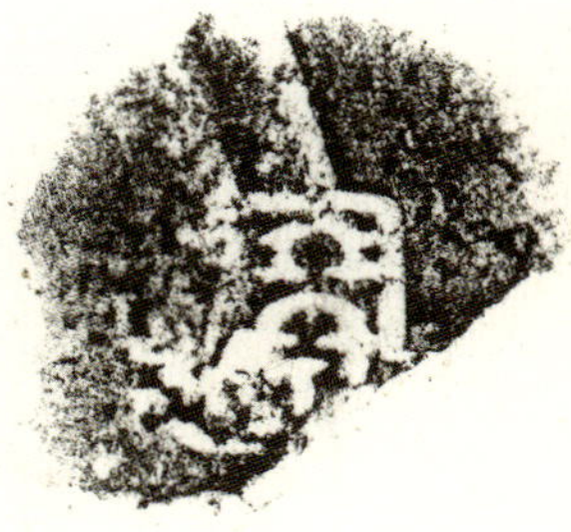

編號01469.10.013–01469.10.016

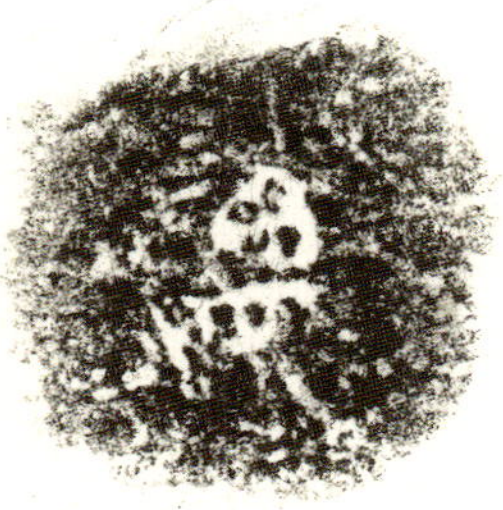

瓦器

瓦器

瓦器

瓦器

編號01469.10.017–01469.10.020

瓦器

瓦器

瓦器

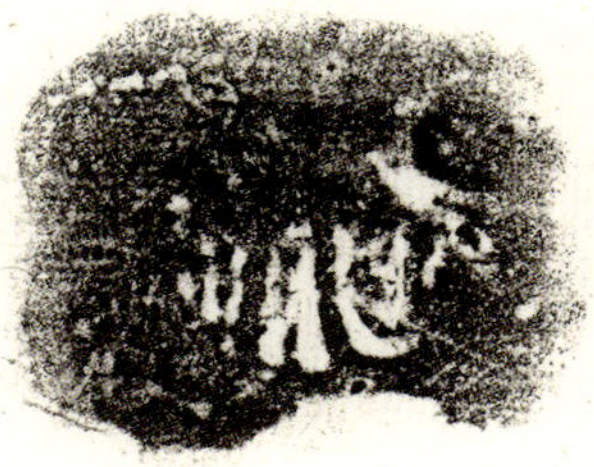

瓦器

編號01469.10.021–01469.10.024

瓦器

瓦器

瓦器

瓦器

編號01469.10.025–01469.10.028

瓦器

瓦器

瓦器

瓦器

編號01469.10.029-01469.10.032

瓦器

瓦器

瓦器

瓦器

編號01469.10.033–01469.10.036

編號01469.10.037–01469.10.040

瓦器

瓦器

瓦器

瓦器

瓦器

瓦器

瓦器

瓦器

編號01469.10.041–01469.10.044

瓦器

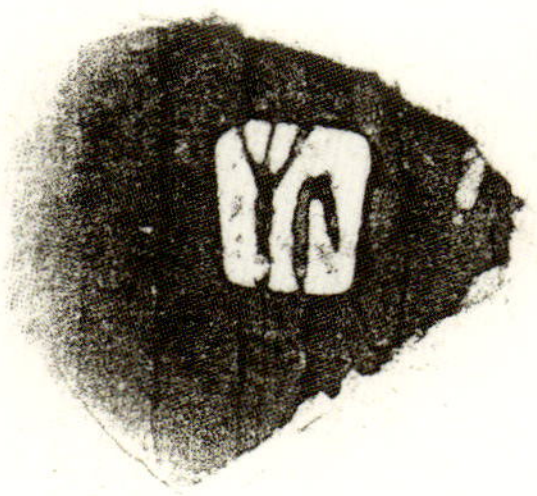

瓦器

瓦器

瓦器

編號01469.10.045–01469.10.048

編號01469.10.049–01469.10.052

瓦器

瓦器

瓦器

瓦器

編號01469.10.053–01469.10.056

瓦器

瓦器

瓦器

瓦器

編號01469.10.057–01469.10.060

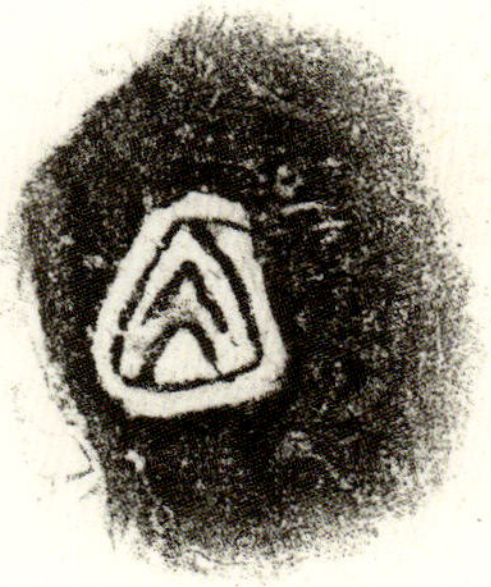

瓦器

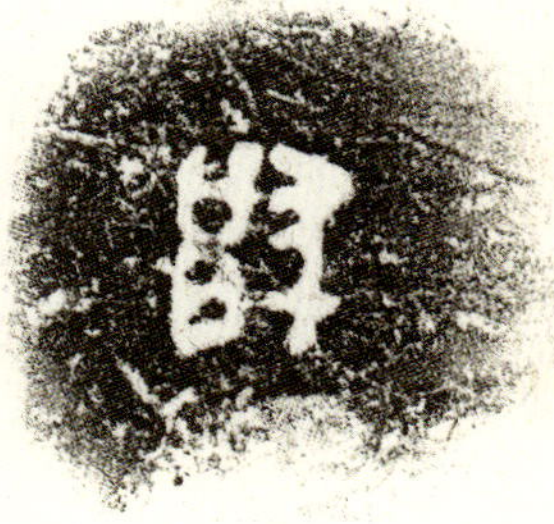

瓦器

瓦器

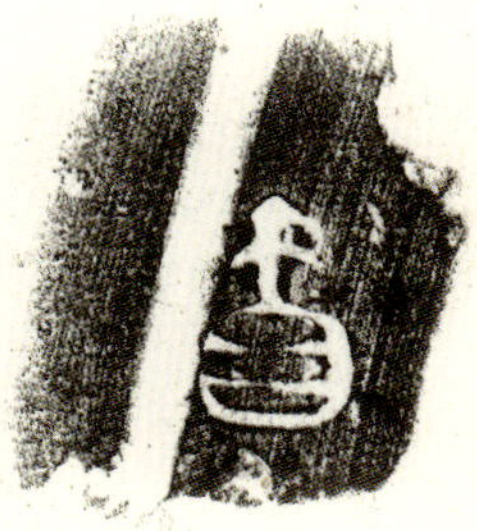

瓦器

編號01469.10.061–01469.10.064

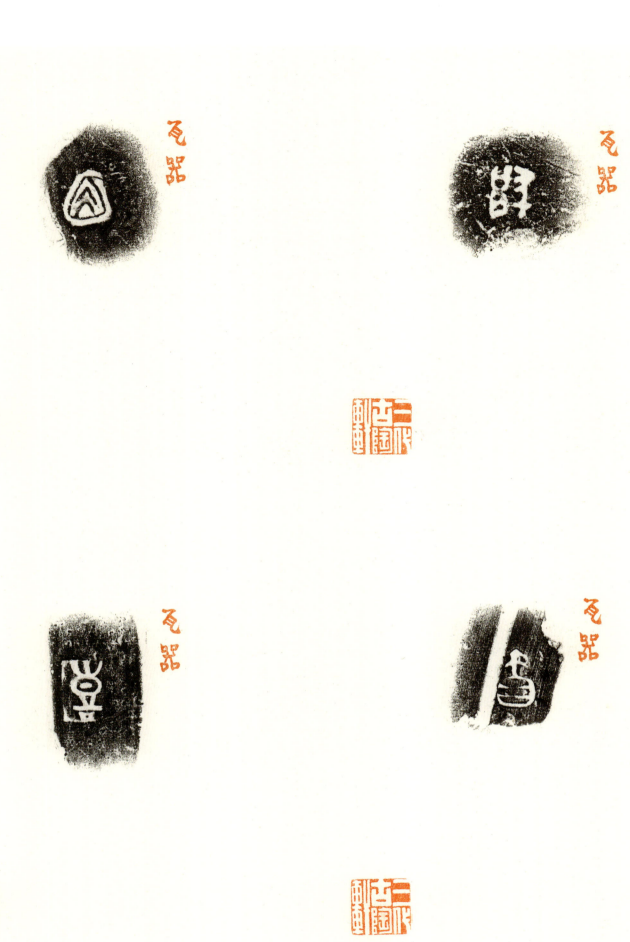

瓦器

瓦器

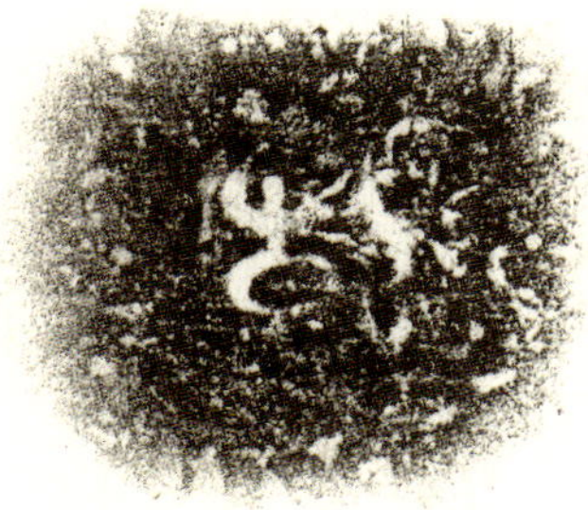

瓦器

瓦器

編號01469.10.065–01469.10.068

編號01469.10.069-01469.10.072

瓦器

瓦器

瓦器

瓦器

編號01469.10.073–01469.10.076

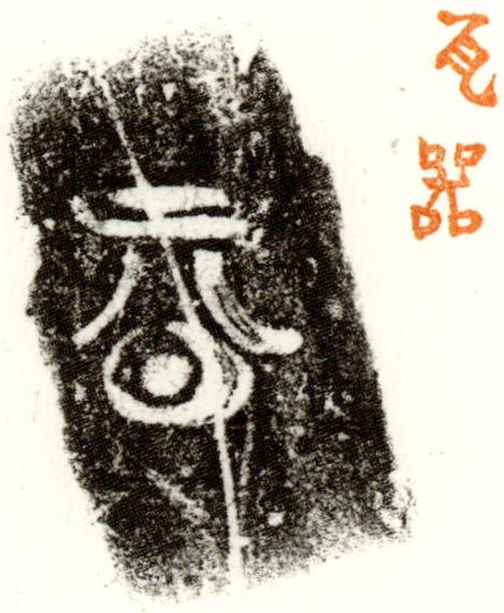

編號01469.10.077–01469.10.080

瓦器

瓦器

瓦器

瓦器

編號01469.10.081–01469.10.084

編號01469.10.085–01469.10.088

瓦器

瓦器

瓦器

瓦器

編號01469.10.089–01469.10.092

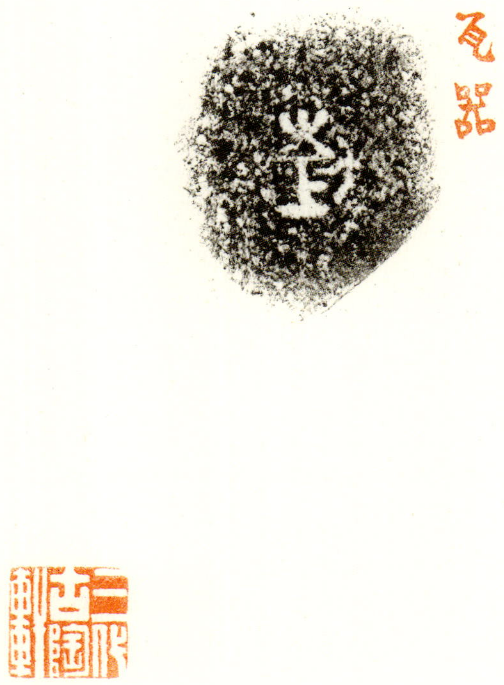

編號01469.10.093–01469.10.096

編號01469.10.097-01469.10.100

瓦器

瓦器

瓦器

瓦器

編號01469.10.101–01469.10.104

瓦器

瓦器

瓦器

瓦器

編號01469.10.105–01469.10.108

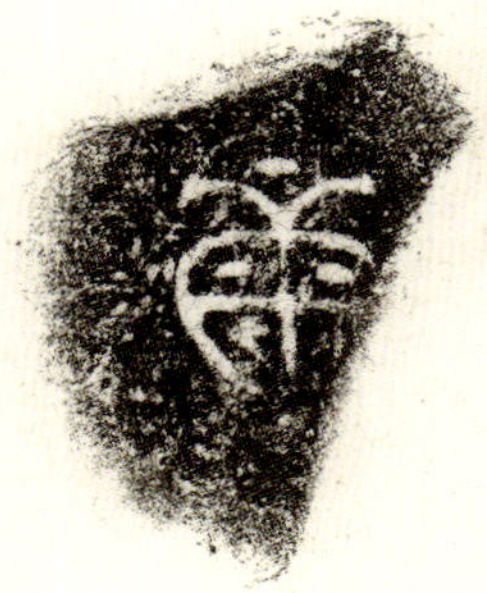

瓦器

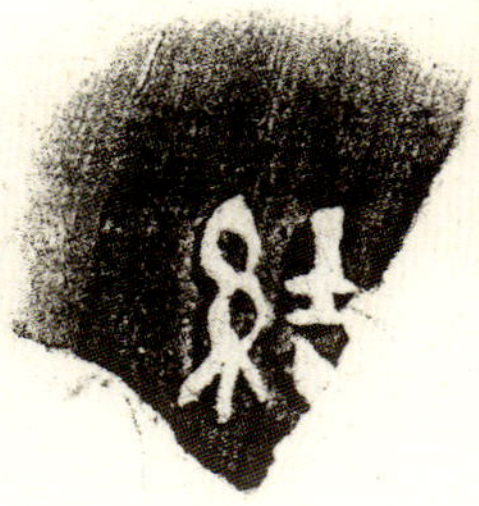

瓦器

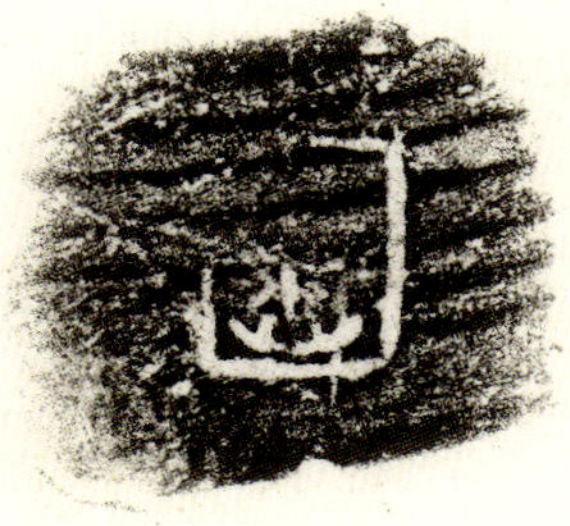

瓦器

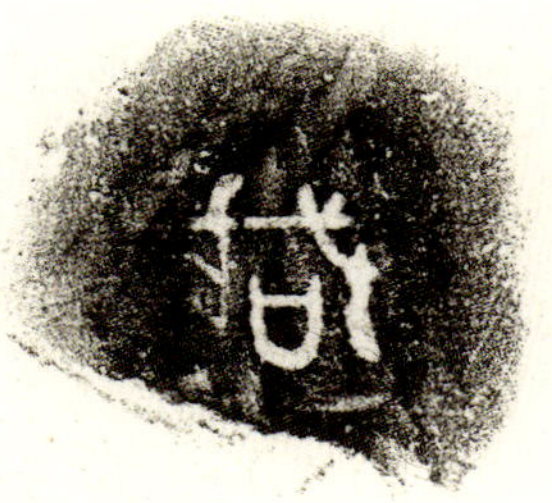

瓦器

編號01469.10.109–01469.10.112

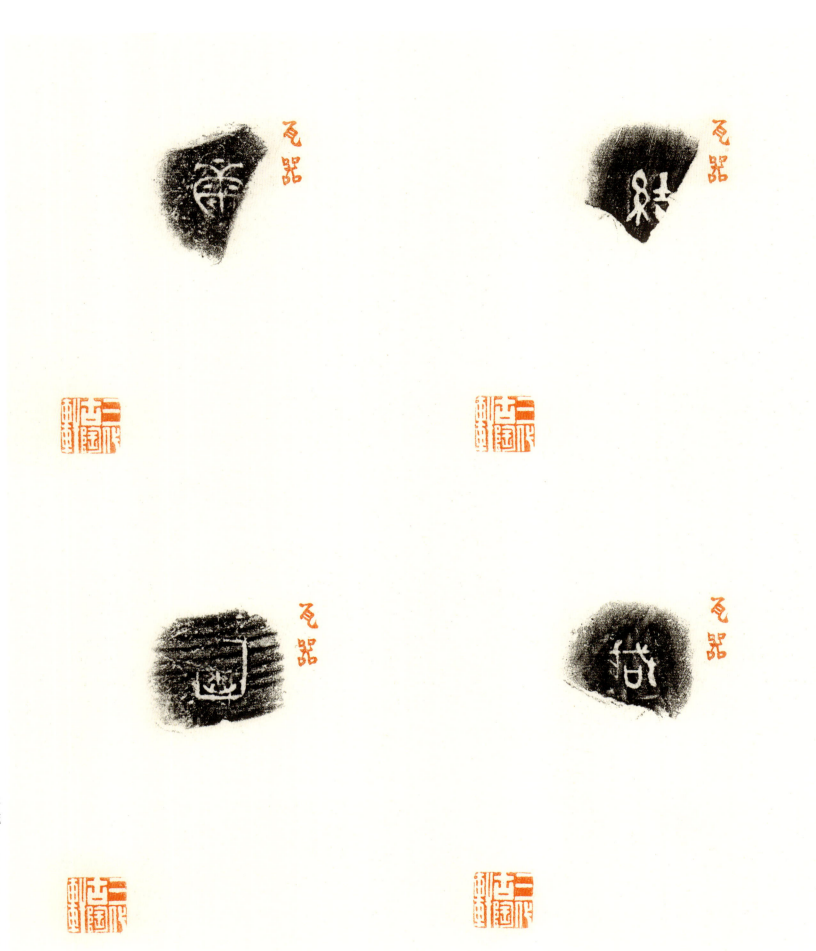

瓦器

瓦器

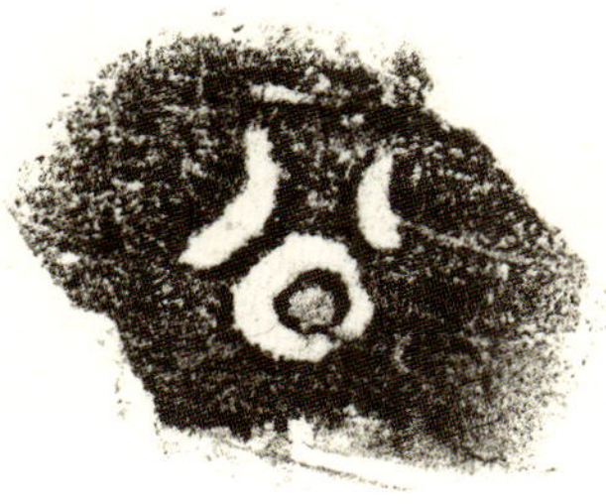

瓦器

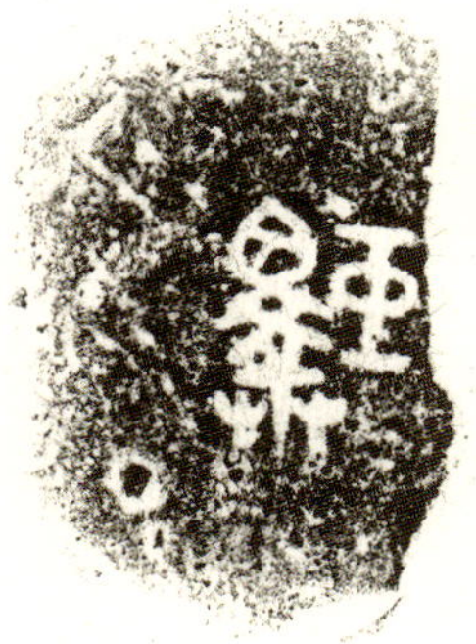

瓦器

編號01469.10.113–01469.10.116

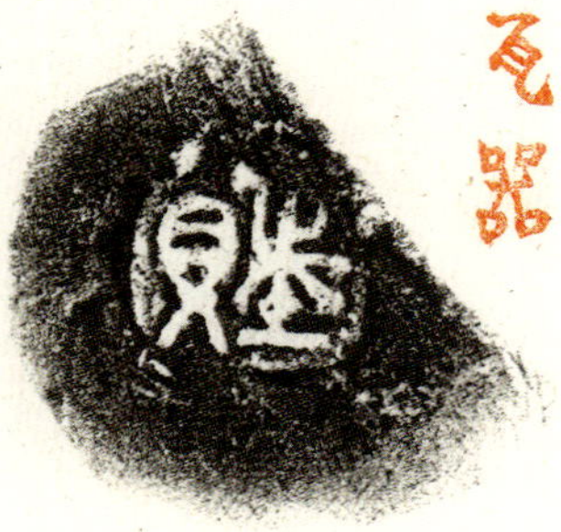

瓦器

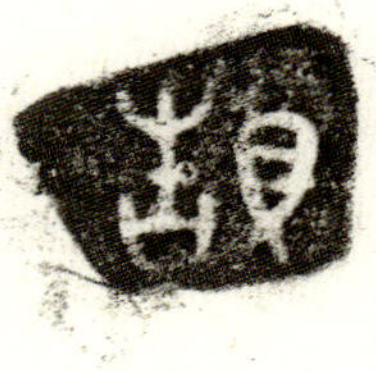

瓦器

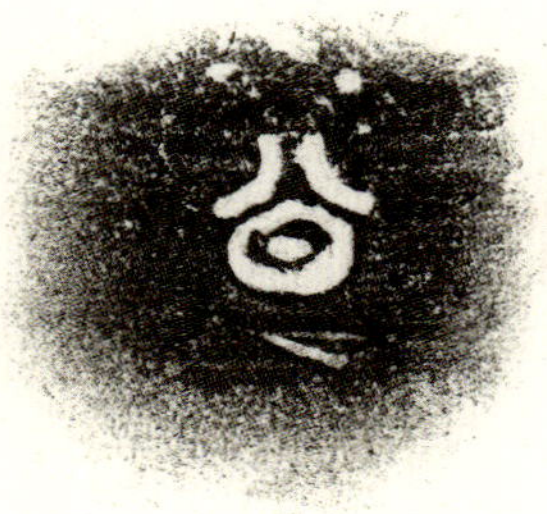

瓦器

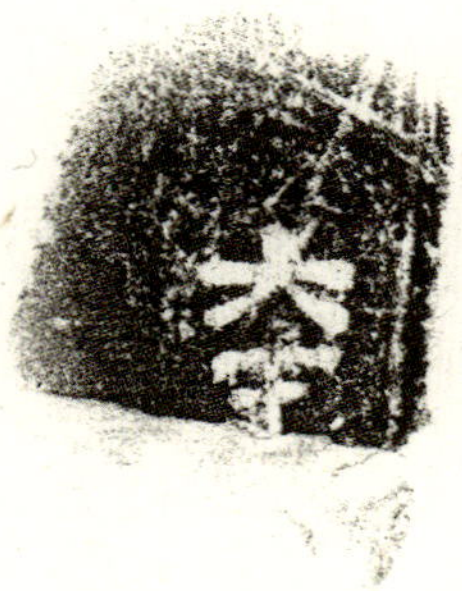

瓦器

編號01469.10.117–01469.10.120

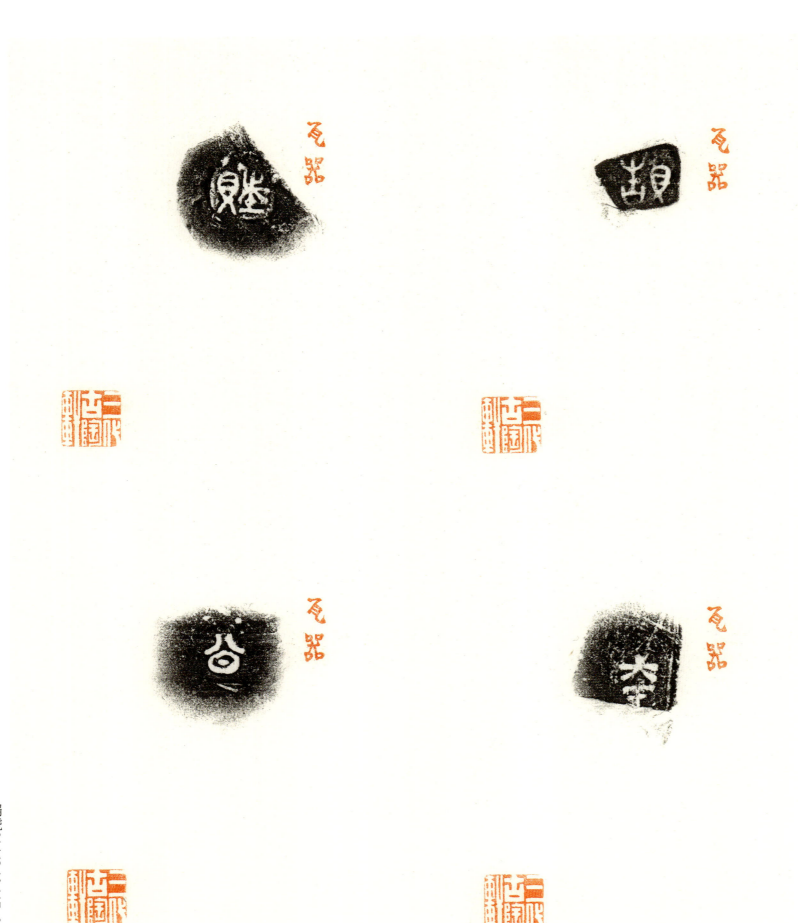

編號01469.10.121–01469.10.124

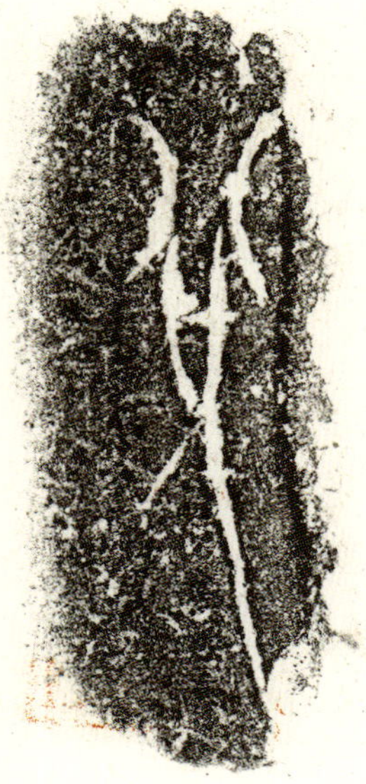

瓦器

瓦器

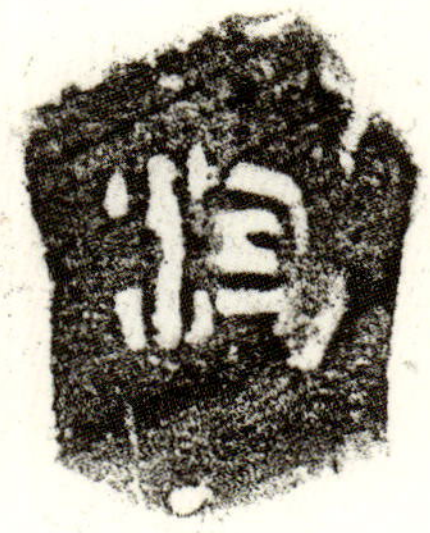

瓦器

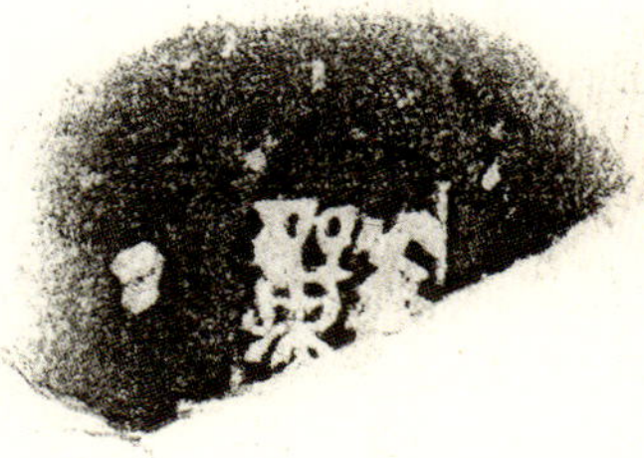

瓦器

編號01469.10.125–01469.10.128

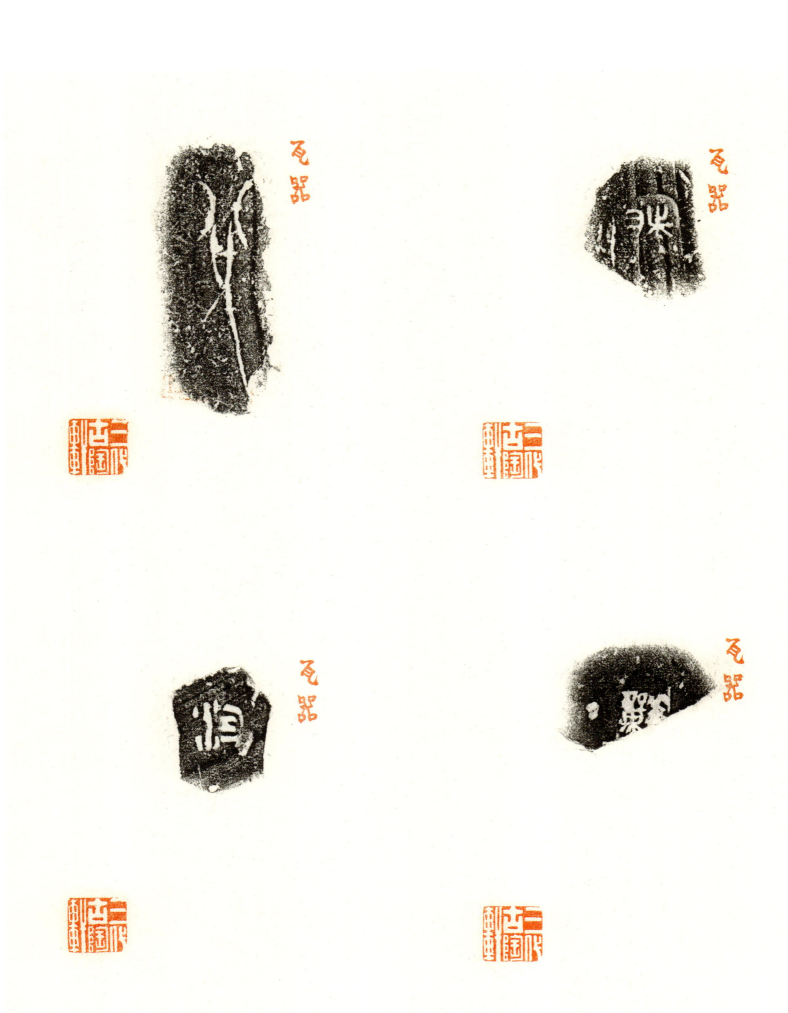

瓦器

瓦器

瓦器

瓦器

編號01469.10.129–01469.10.132

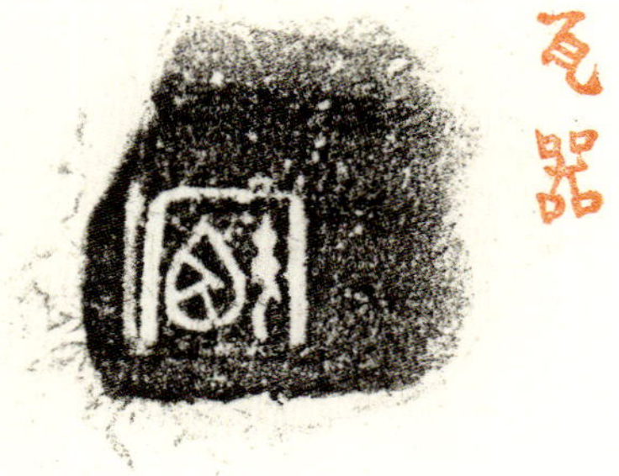

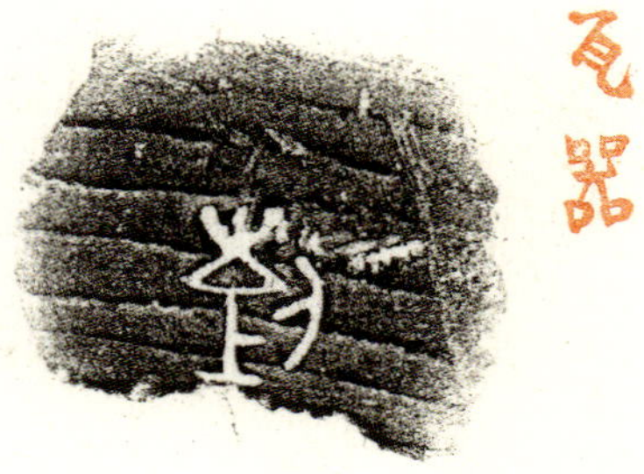

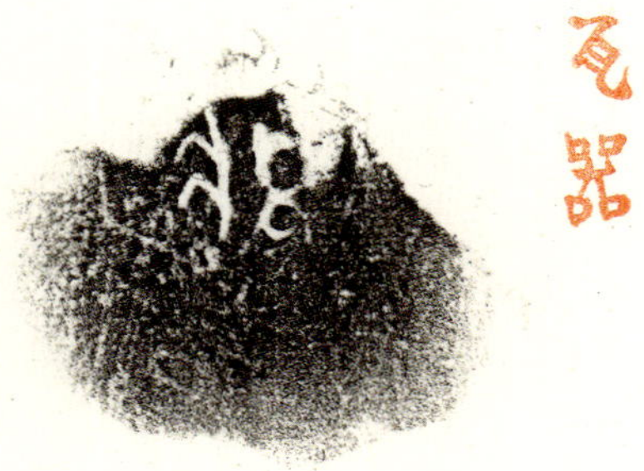

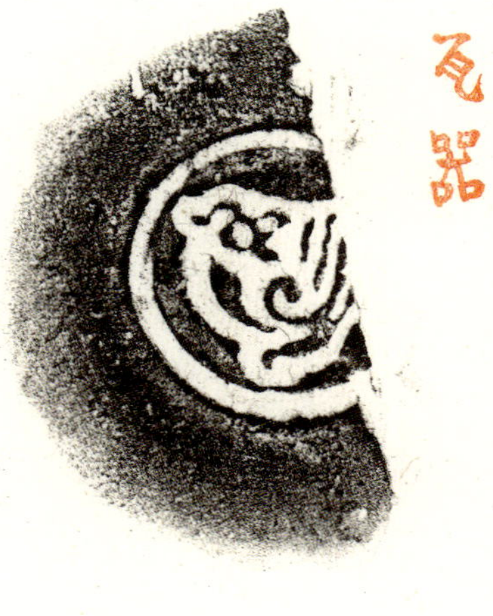

編號01469.10.133-01469.10.136

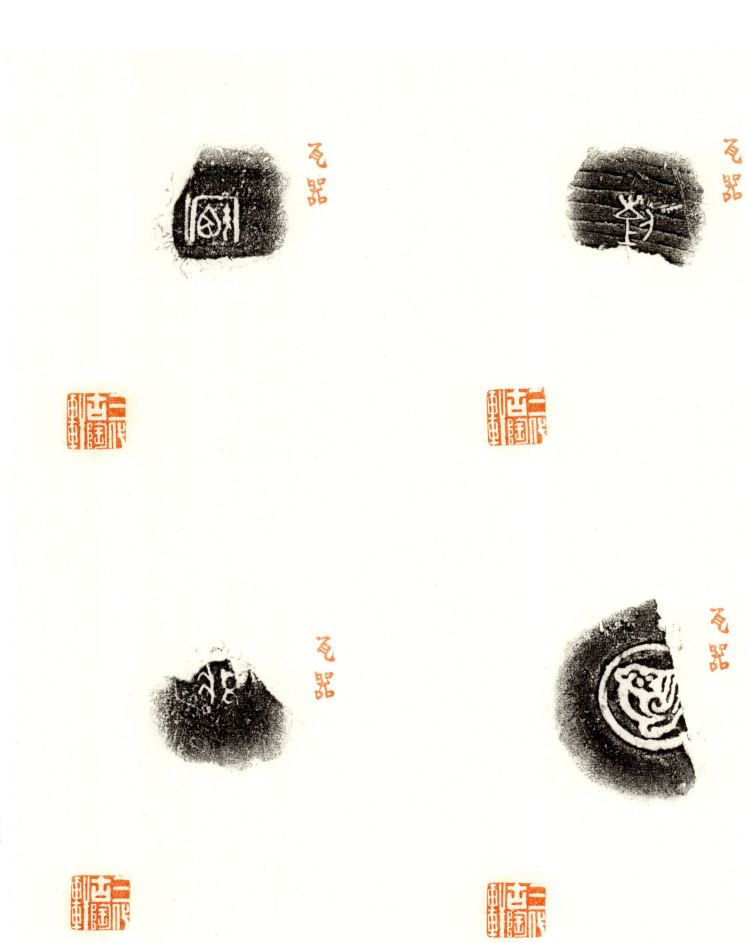

瓦器

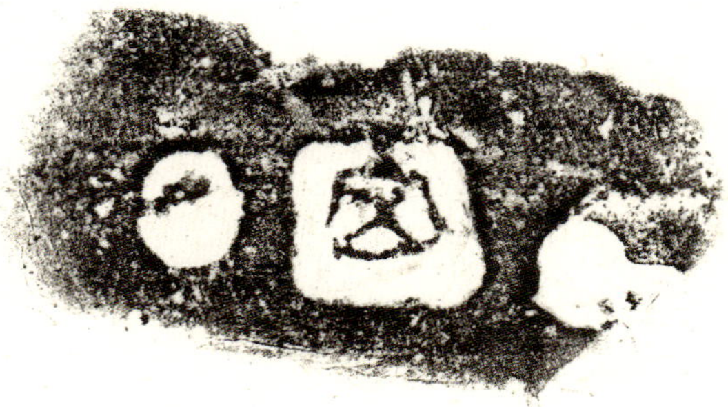

瓦器

瓦器

瓦器

編號01469.10.137-01469.10.140

瓦器

瓦器

瓦器

瓦器

編號01469.10.141–01469.10.144

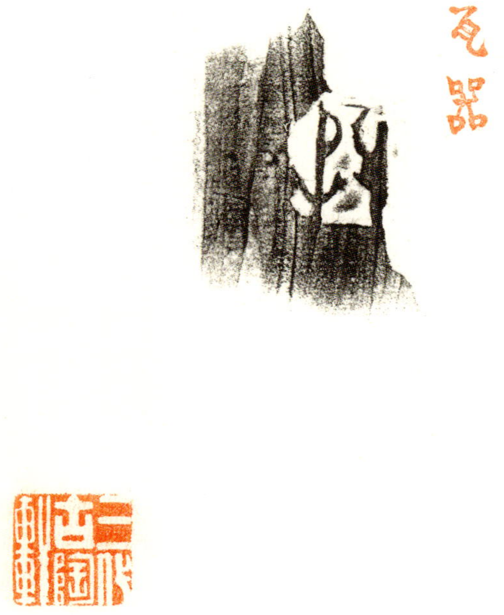

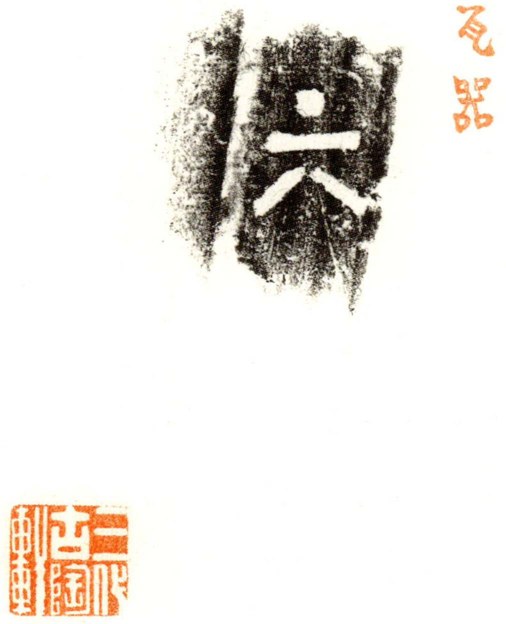

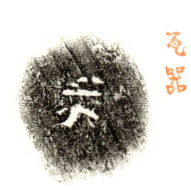

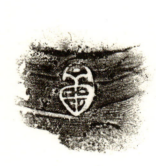

編號01469.10.145-01469.10.148

瓦器

瓦器

瓦器

瓦器

編號01469.10.149–01469.10.152

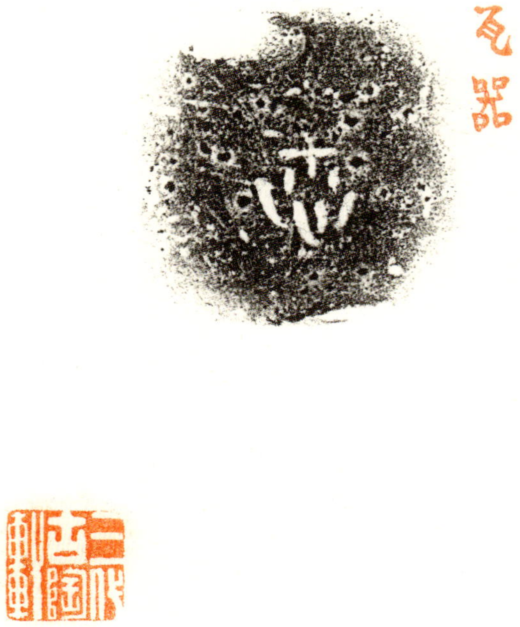

編號01469.10.153–01469.10.156

編號01469.10.157–01469.10.160

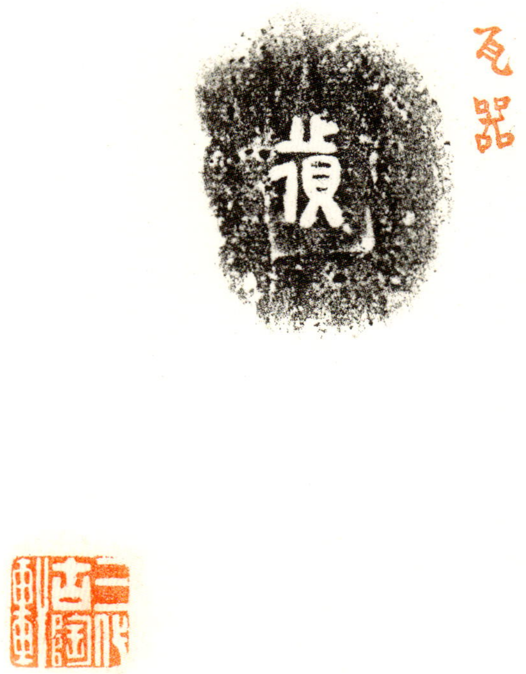

編號01469.10.161–01469.10.164

瓦器

瓦器

瓦器

瓦器

編號01469.10.165–01469.10.168

瓦器

瓦器

瓦器

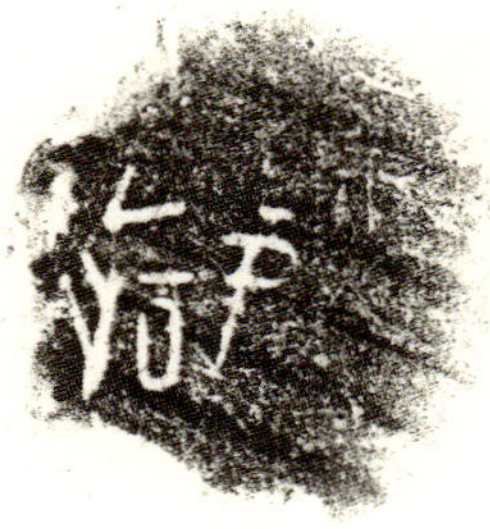

瓦器

編號01469.10.169–01469.10.172

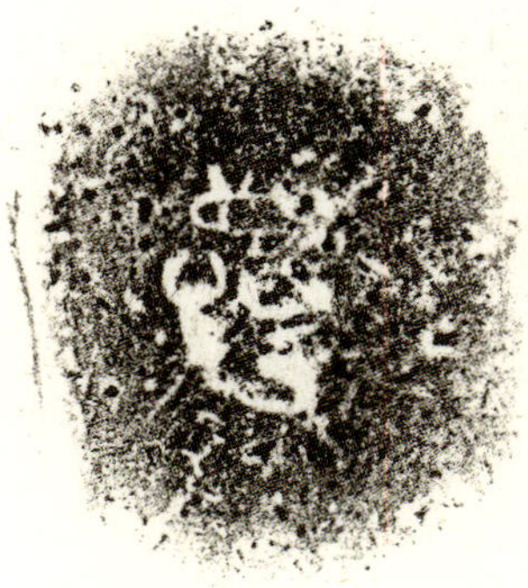

瓦器

瓦器

瓦器

瓦器

編號01469.10.173–01469.10.176

瓦器

瓦器

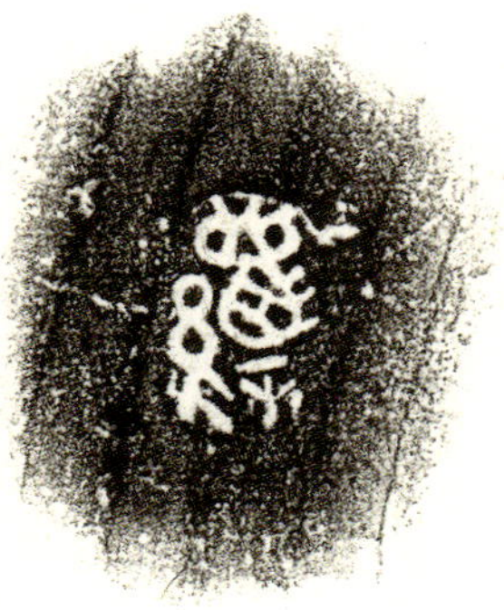

瓦器

瓦器

編號01469.10.177–01469.10.180

編號01469.10.181–01469.10.184

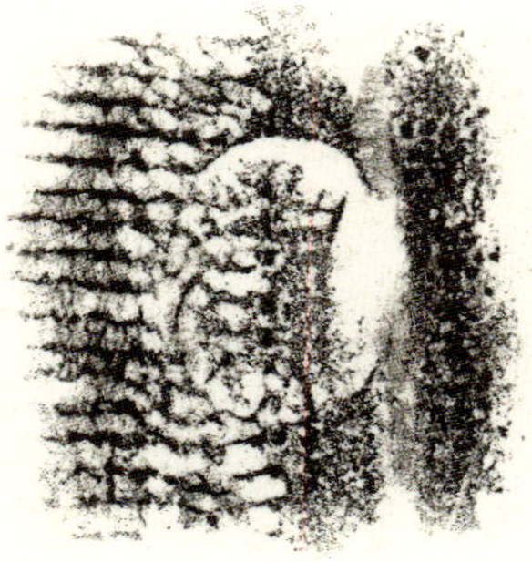

瓦器

瓦器

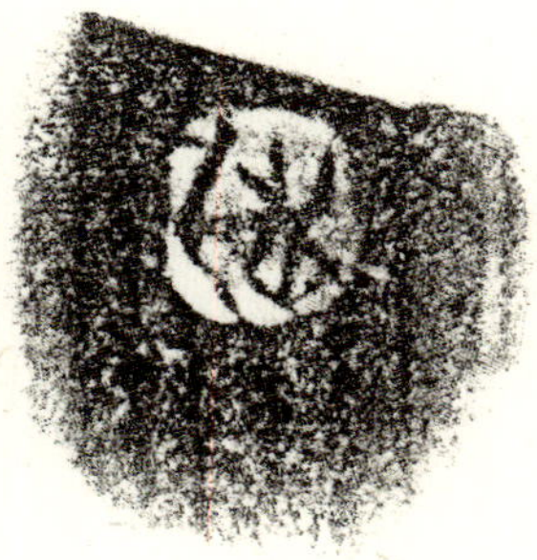

瓦器

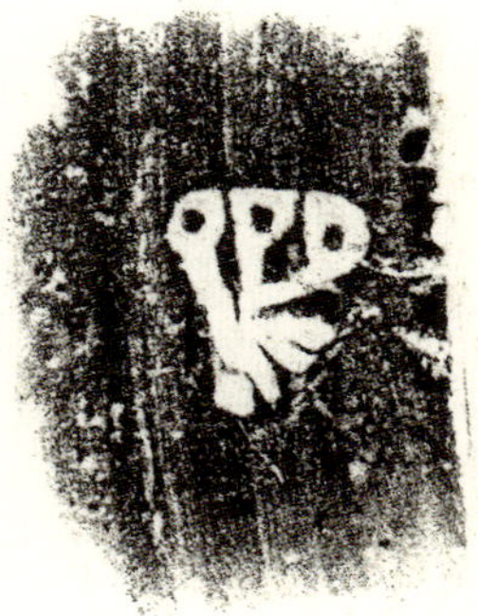

瓦器

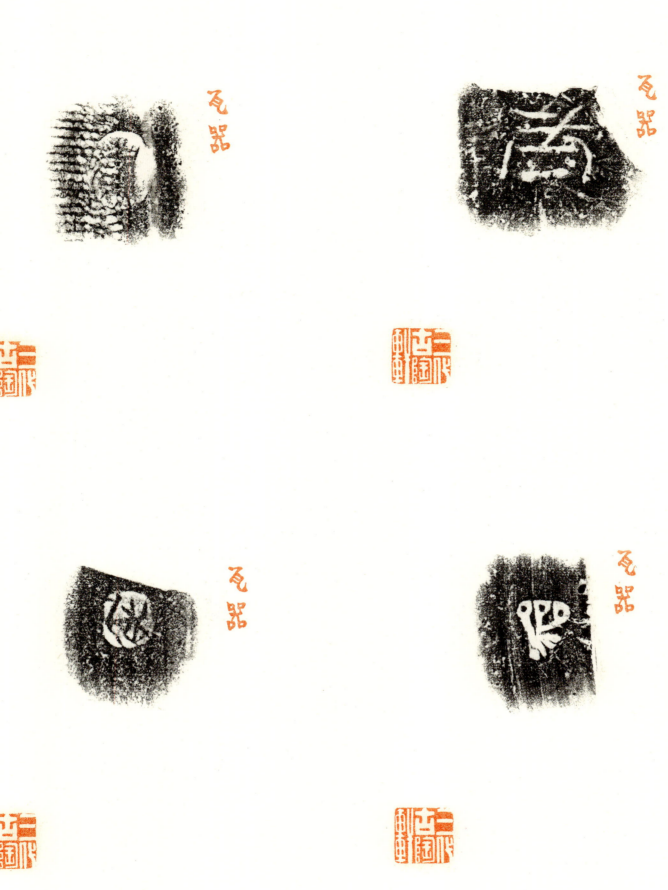

瓦器

瓦器

瓦器

瓦器

編號01469.10.185–01469.10.188

瓦器

瓦器

瓦器

瓦器

編號01469.10.189–01469.10.192

瓦器

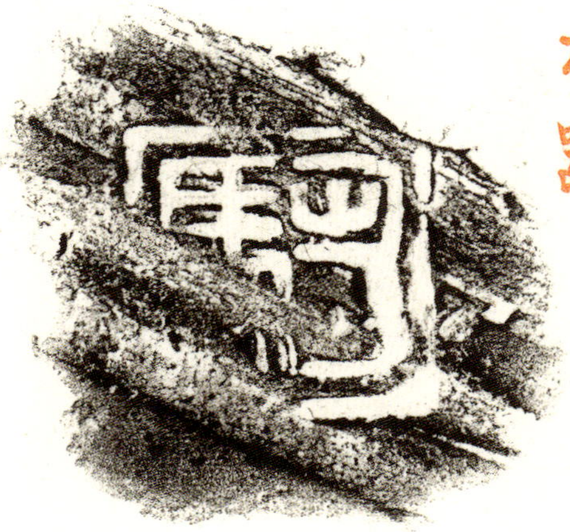

瓦器

瓦器

瓦器

編號01469.10.193–01469.10.196

瓦器

瓦器

瓦器

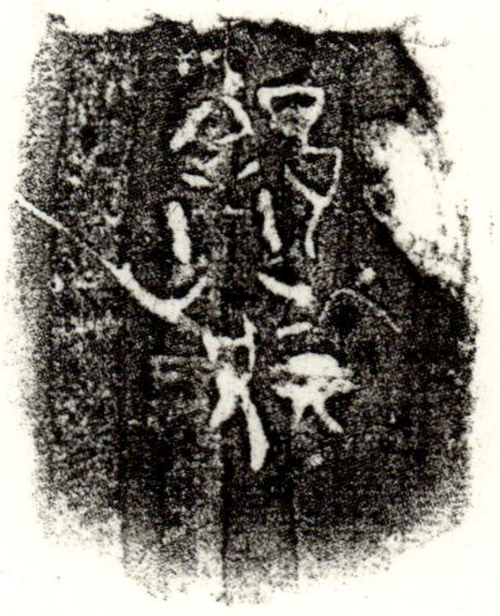

瓦器

編號01469.10.197–01469.10.200

瓦器

瓦器

瓦器

瓦器

編號01469.10.201-01469.10.204

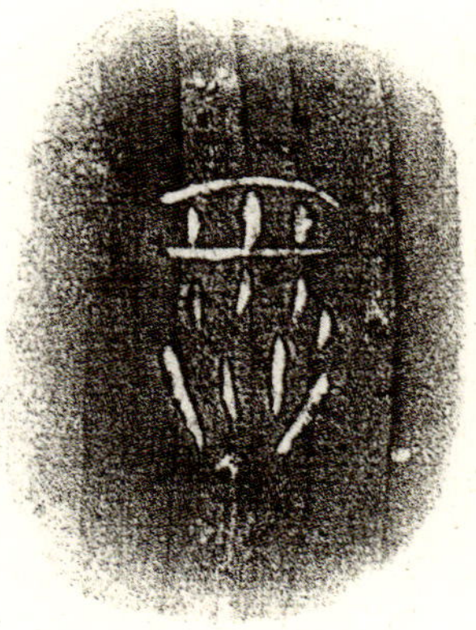

瓦器

瓦器

瓦器

瓦器

編號01469.10.205–01469.10.208

瓦器

瓦器

瓦器

瓦器

編號01469.10.209–01469.10.212

瓦器

瓦器

瓦器

瓦器

編號01469.10.213–01469.10.216

瓦器

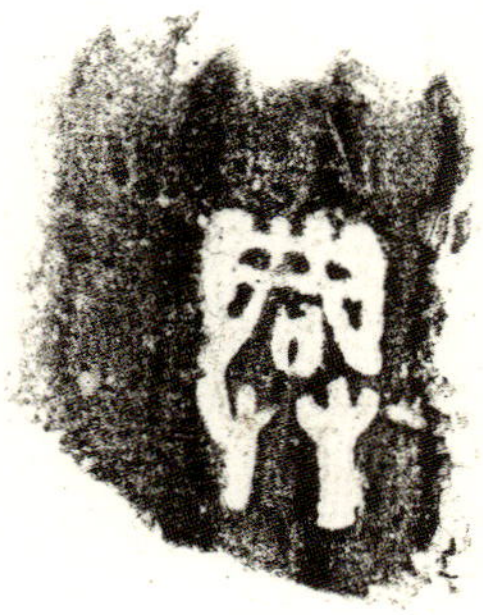

瓦器

瓦器

瓦器

編號01469.10.217–01469.10.220

瓦器

瓦器

瓦器

瓦器

編號01469.10.221–01469.10.224

瓦器

瓦器

瓦器

瓦器

編號01469.10.225–01469.10.228

瓦器

瓦器

瓦器

瓦器

編號01469.10.229–01469.10.232

瓦器

瓦器

瓦器

瓦器

編號01469.10.233–01469.10.236

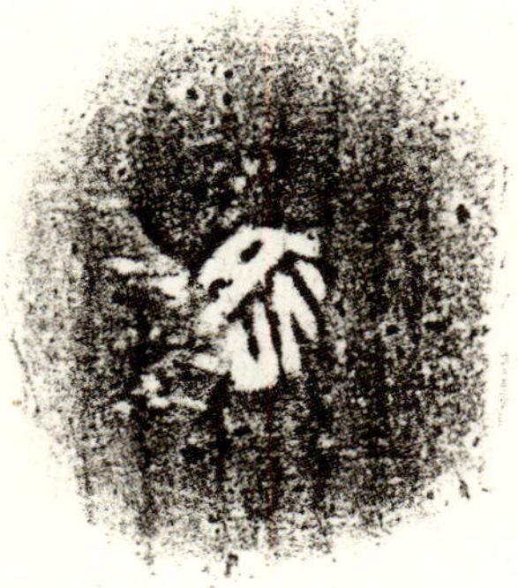
瓦器

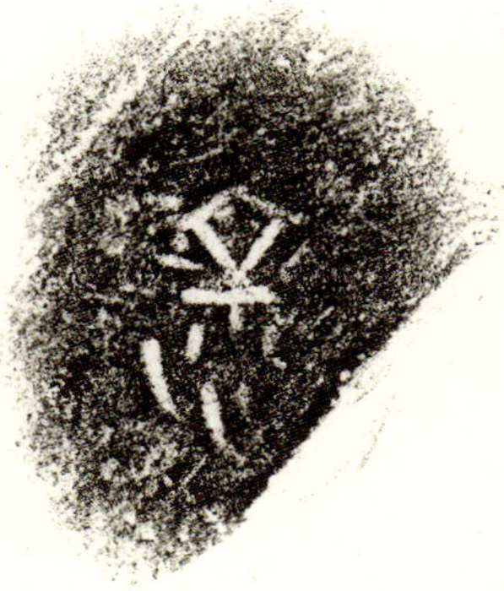
瓦器

瓦器

瓦器

編號01469.10.237–01469.10.240

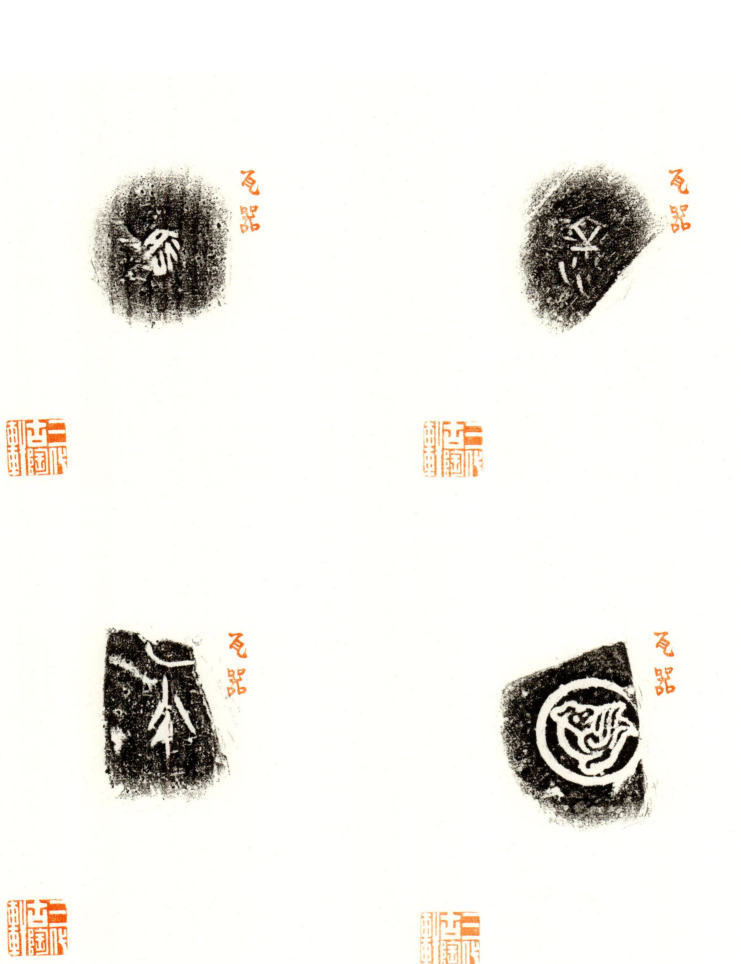

編號01469.10.241–01469.10.244

編號01469.10.245–01469.10.248

編號01469.10.249–01469.10.252

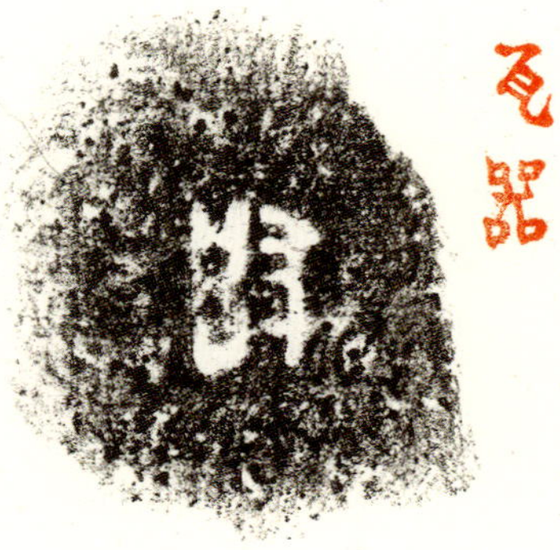

編號01469.10.253-01469.10.256

瓦器

瓦器

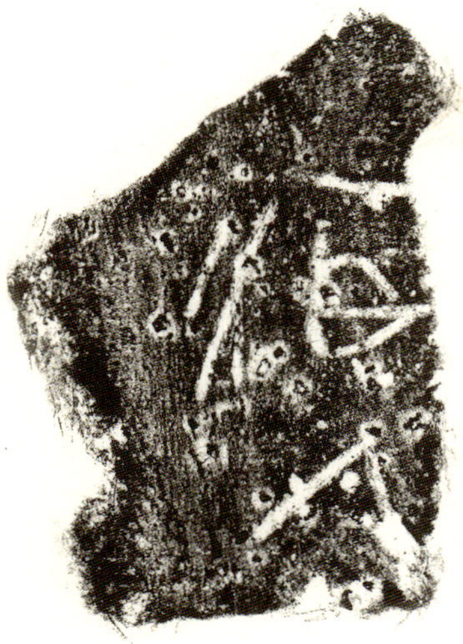

瓦器

瓦器

編號01469.10.257-01469.10.260

瓦器

瓦器

瓦器

瓦器

編號01469.10.261–01469.10.264

瓦器

瓦器

瓦器

瓦器

編號01469.10.265–01469.10.268

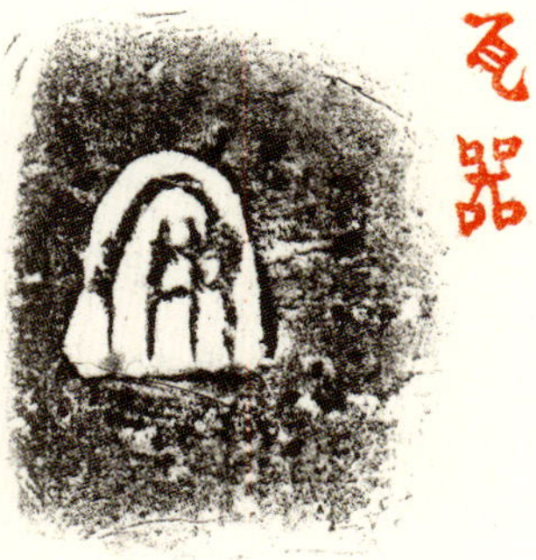

編號01469.10.269–01469.10.272

編號01469.10.273–01469.10.276

瓦器

瓦器

瓦器

瓦器

編號01469.10.277–01469.10.280

編號01469.10.281–01469.10.284

編號01469.10.285–01469.10.288

編號01469.10.289–01469.10.292

編號01469.10.293–01469.10.296

瓦器

瓦器

瓦器

瓦器

編號01469.10.297–01469.10.300

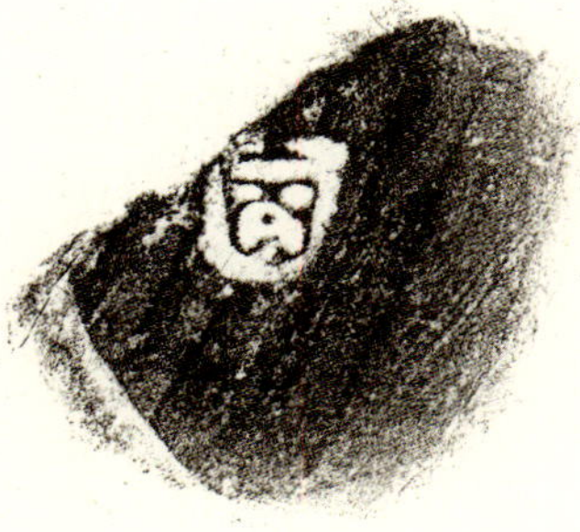

瓦器

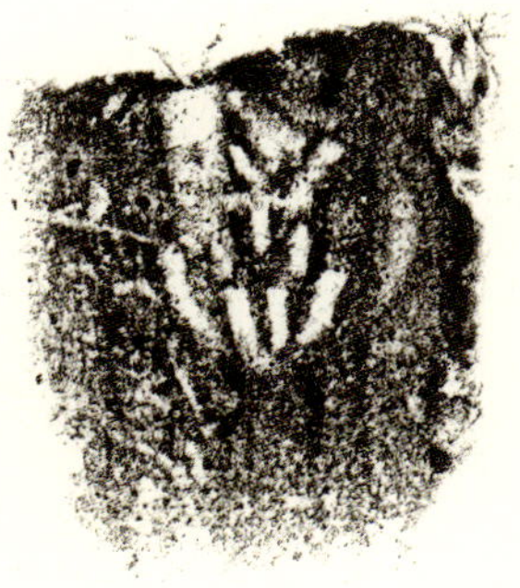

瓦器

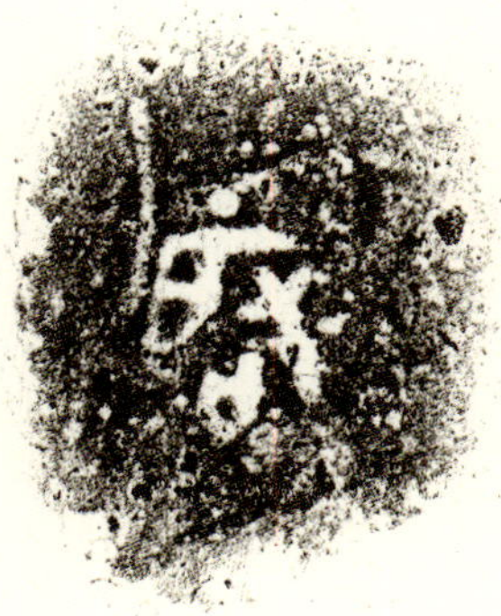

瓦器

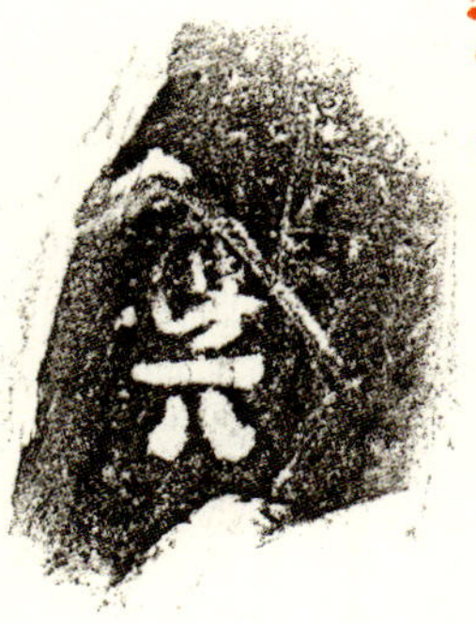

瓦器

編號01469.10.301–01469.10.304

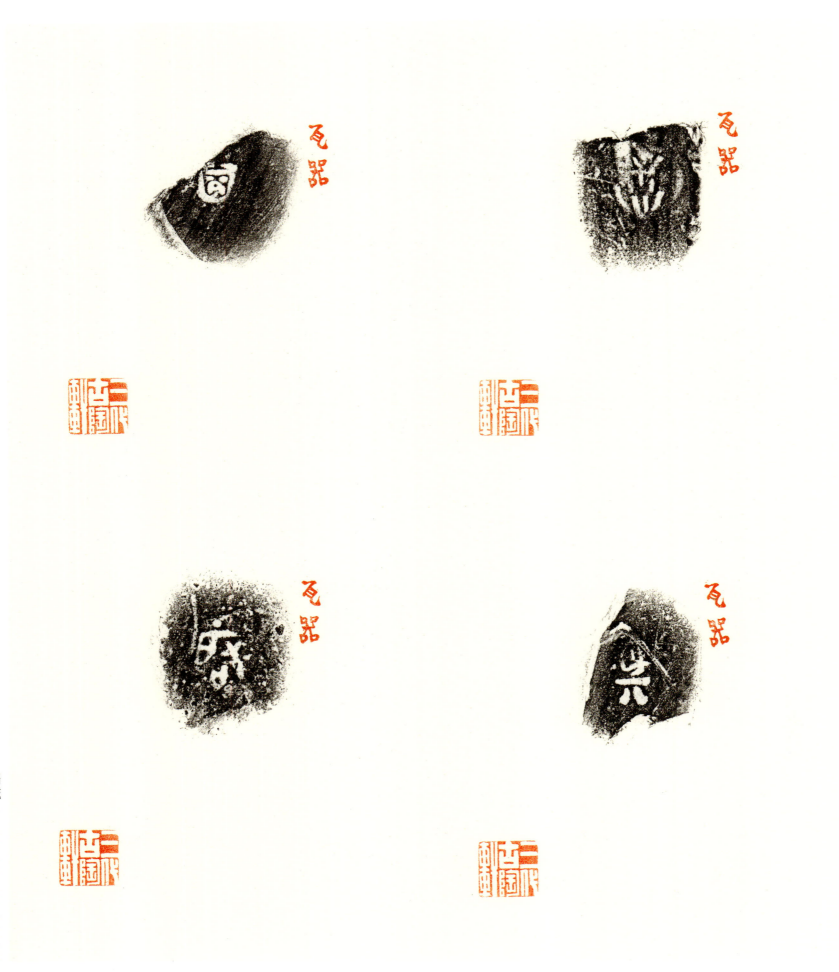

瓦器

瓦器

瓦器

瓦器

編號01469.10.305–01469.10.308

瓦器

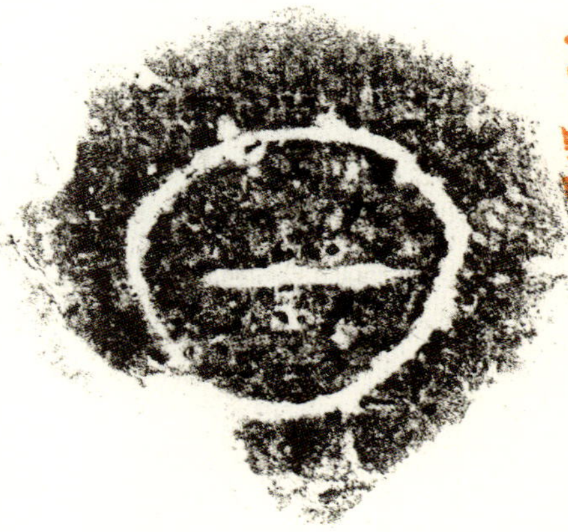

瓦器

瓦器

瓦器

編號01469.10.309–01469.10.312

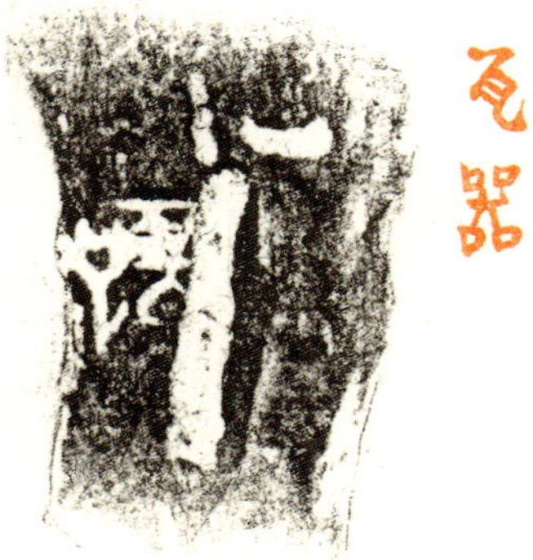

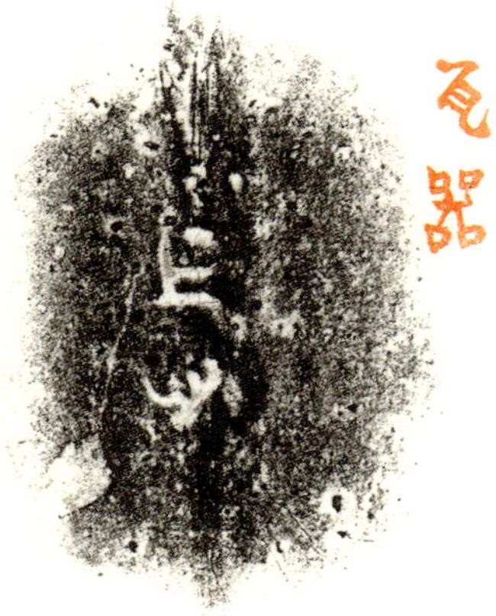

編號01469.10.313–01469.10.316

瓦器

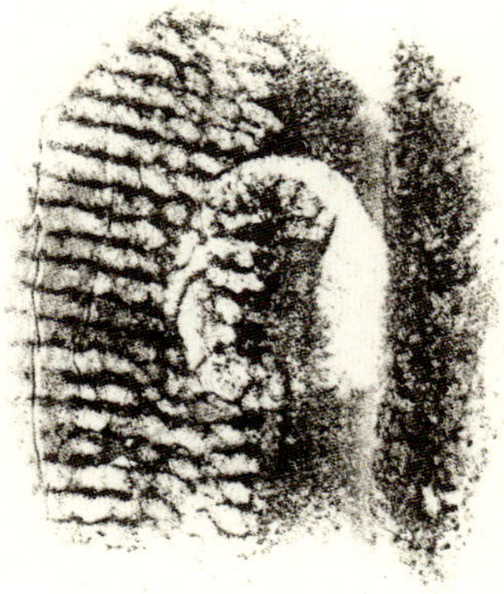

瓦器

瓦器

瓦器

編號01469.10.317–01469.10.320

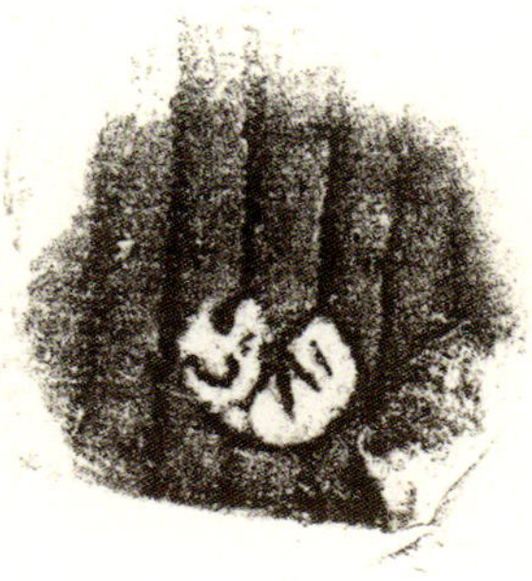

瓦器

瓦器

瓦器

瓦器

編號01469.11.001-01469.11.004

瓦器

瓦器

瓦器

瓦器

編號01469.11.005-01469.11.008

瓦器

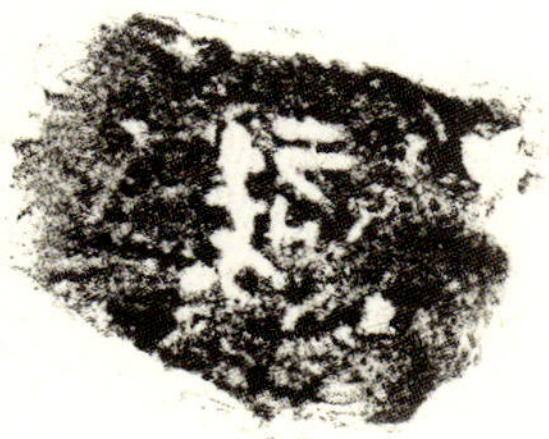

瓦器

瓦器

瓦器

編號01469.11.009-01469.11.012

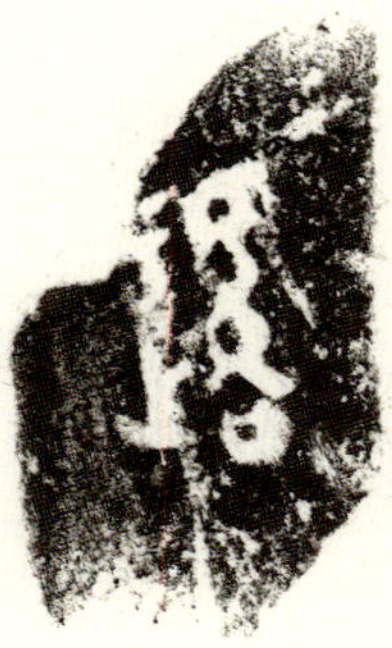

瓦器

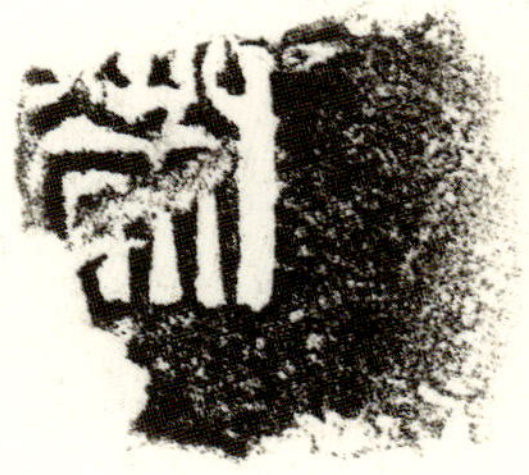

瓦器

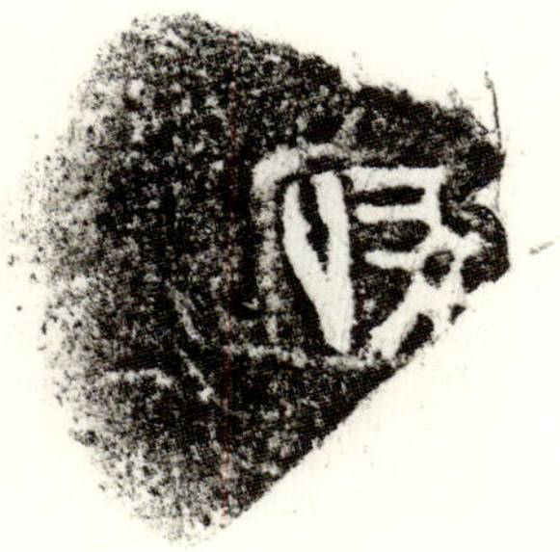

瓦器

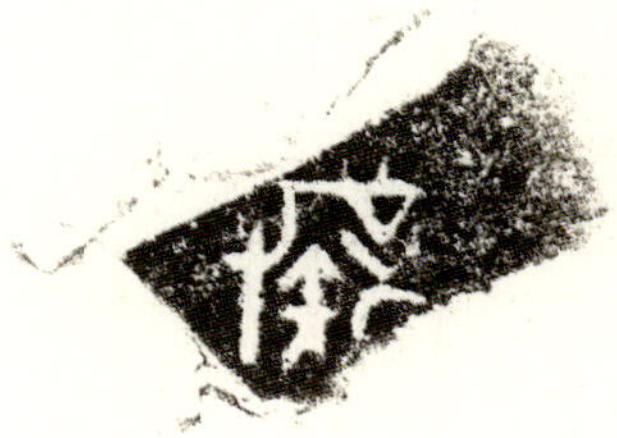

瓦器

編號01469.11.013–01469.11.016

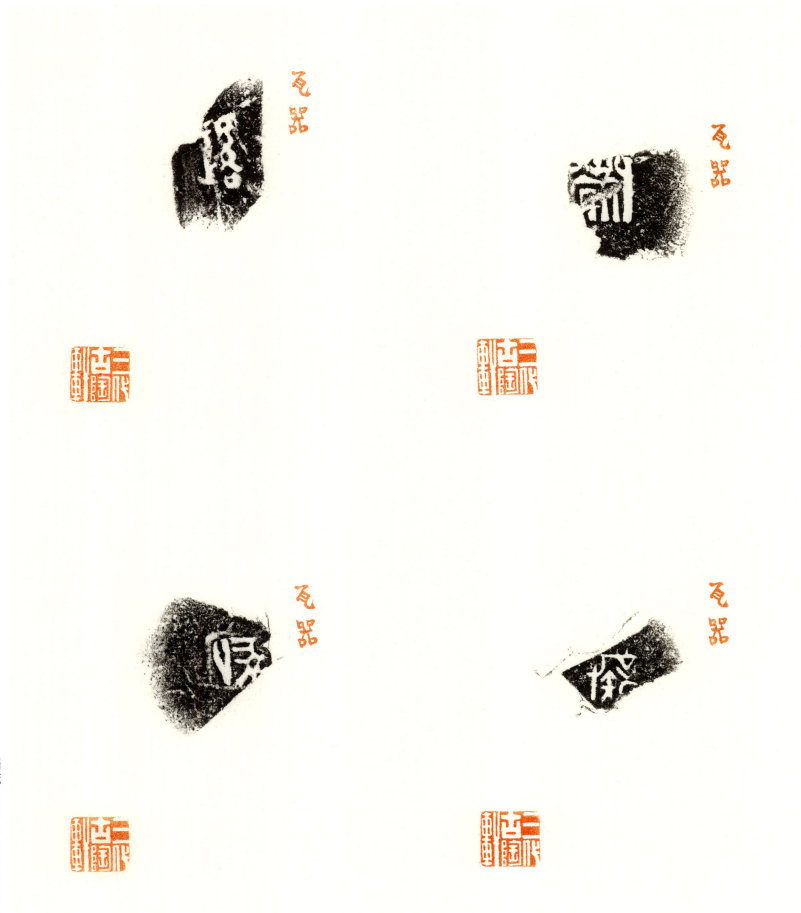

瓦器

瓦器

瓦器

瓦器

編號01469.11.017–01469.11.020

編號01469.11.021-01469.11.024

瓦器

瓦器

瓦器

瓦器

編號01469.11.025–01469.11.028

瓦器

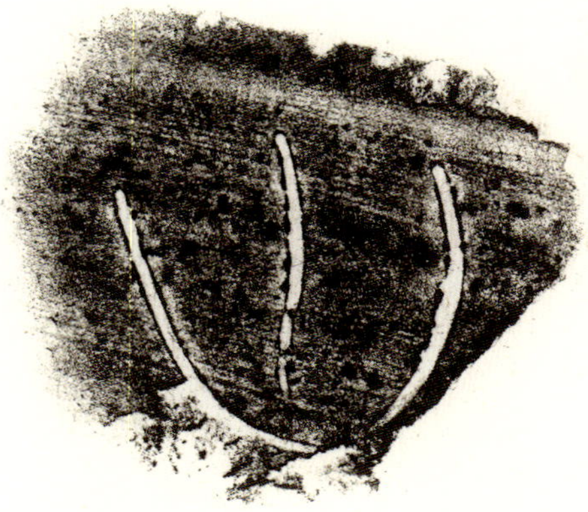

瓦器

瓦器

瓦器

編號01469.11.029–01469.11.032

瓦器

瓦器

瓦器

瓦器

編號01469.11.033-01469.11.036

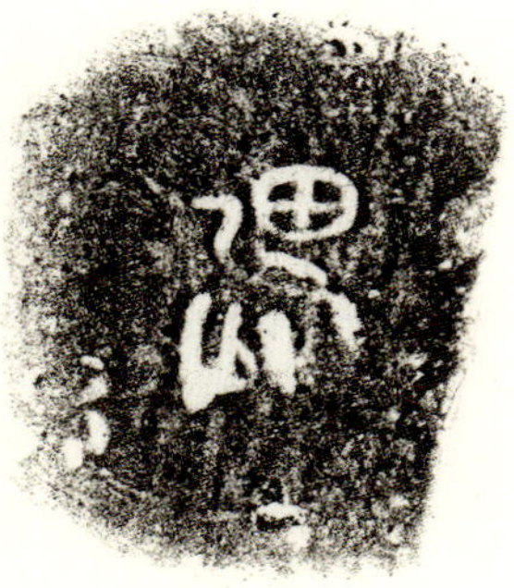

瓦器

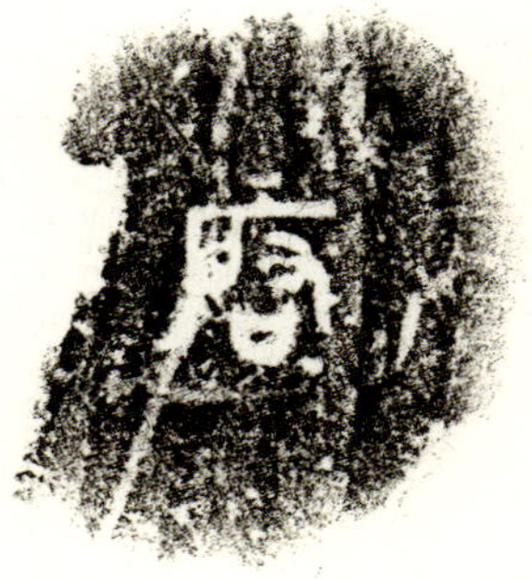

瓦器

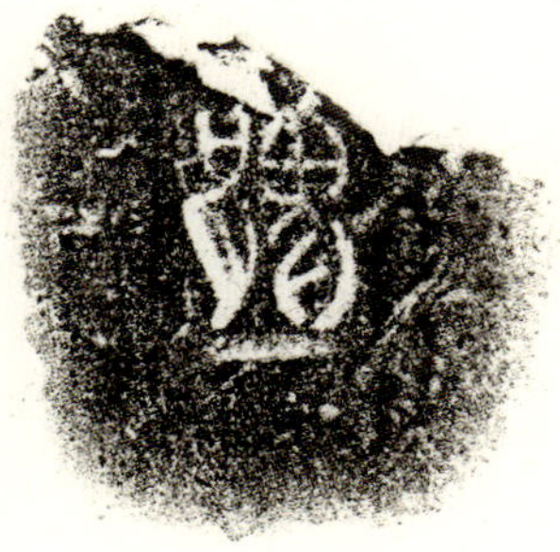

瓦器

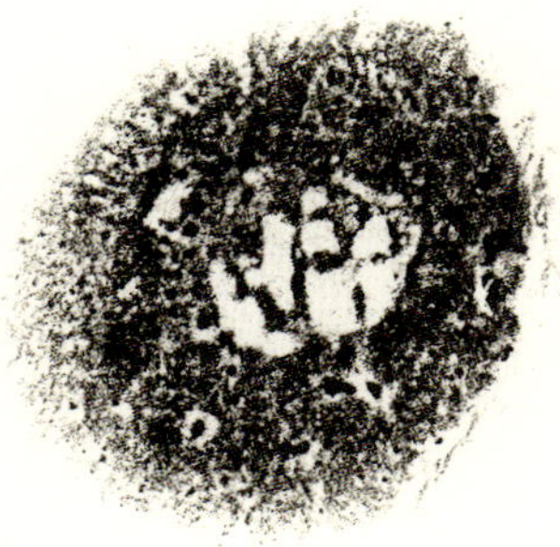

瓦器

編號01469.11.037–01469.11.040

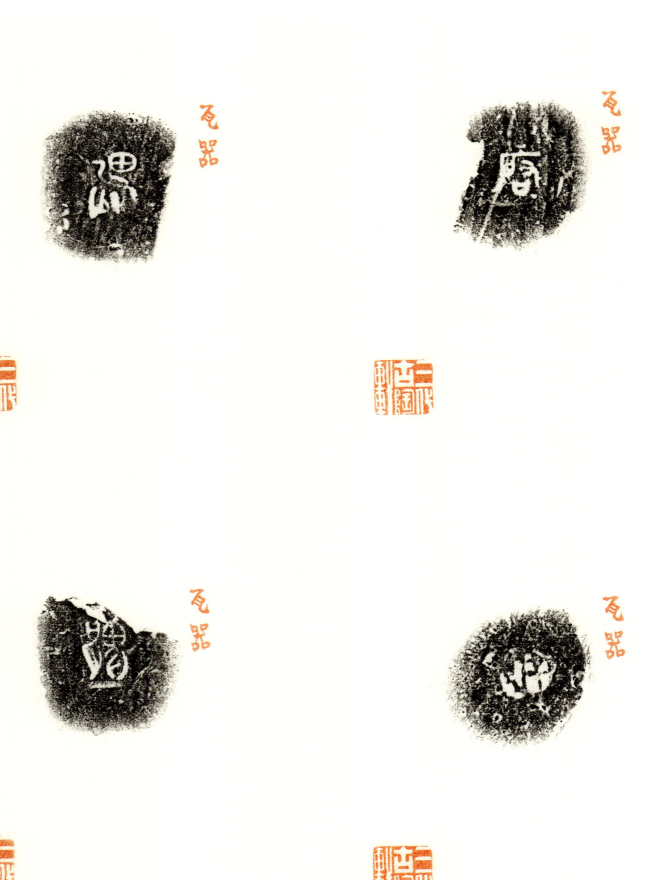

編號01469.11.041-01469.11.044

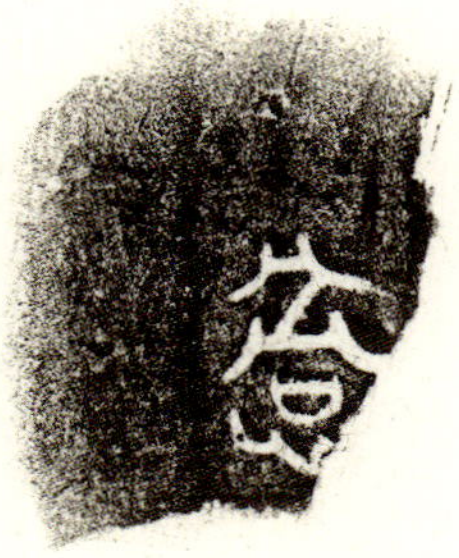

瓦器

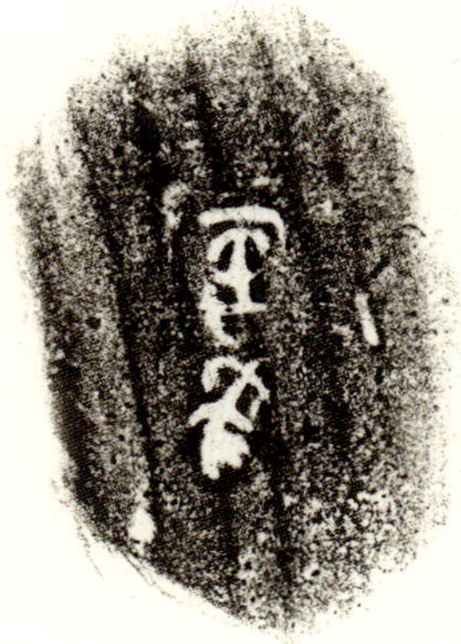

瓦器

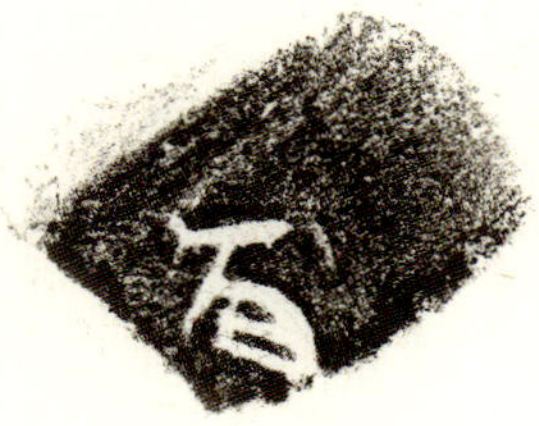

瓦器

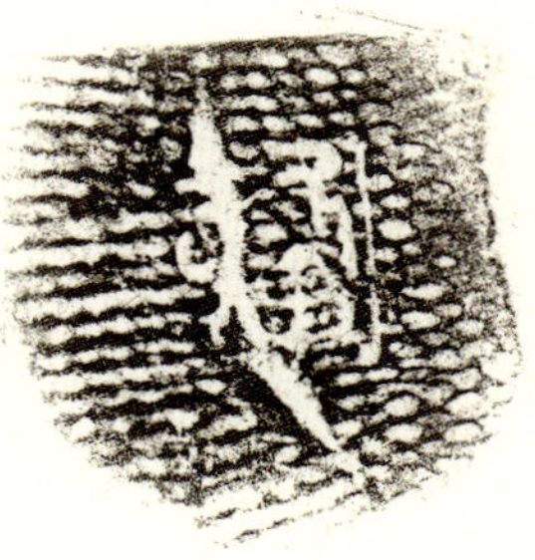

瓦器

編號01469.11.045–01469.11.048

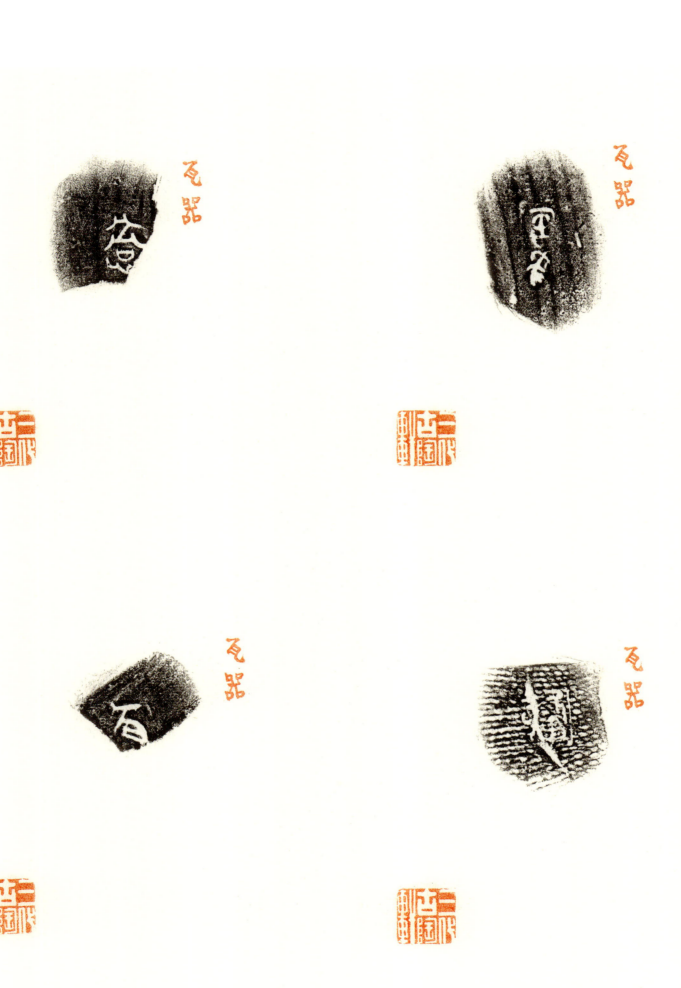

瓦器

瓦器

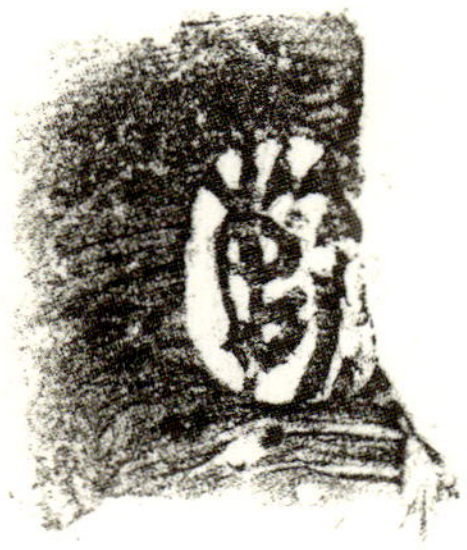

瓦器

瓦器

編號01469.11.049–01469.11.052

瓦器

瓦器

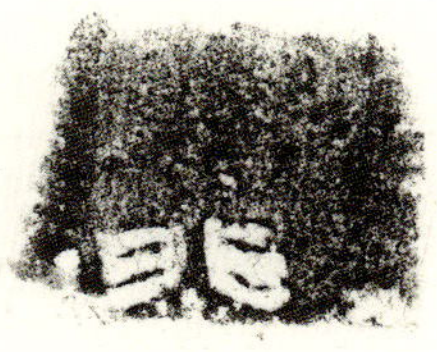

瓦器

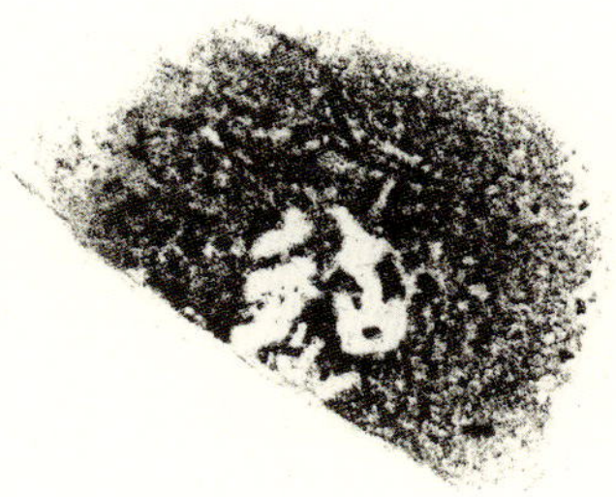

瓦器

編號01469.11.053–01469.11.056

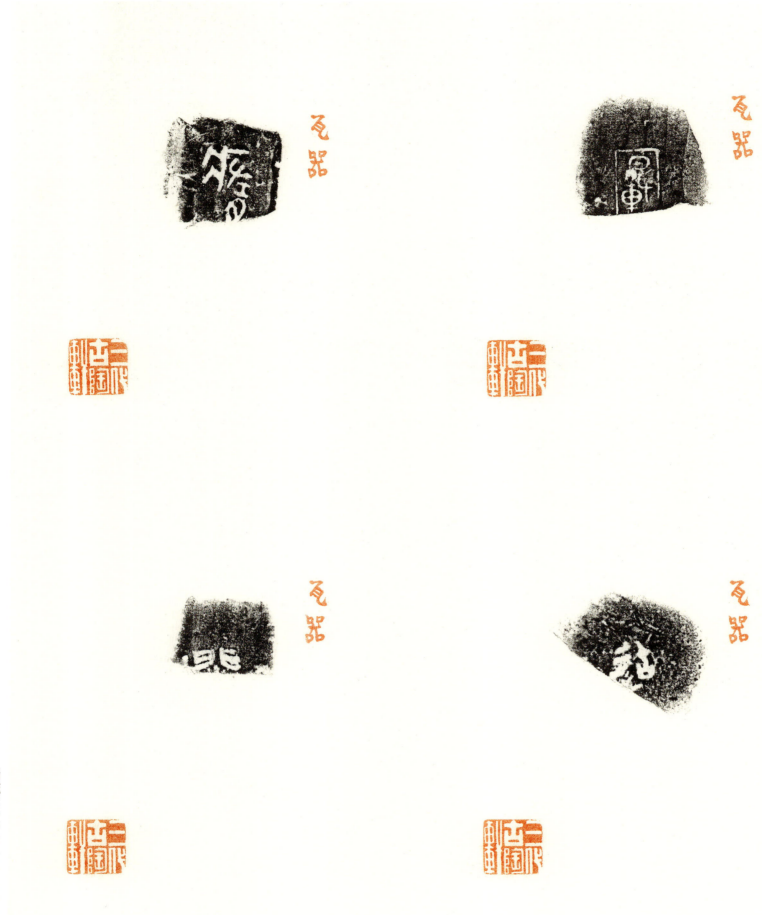

瓦器

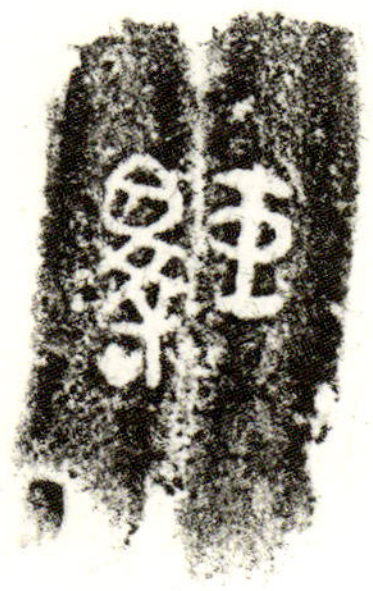
瓦器

瓦器

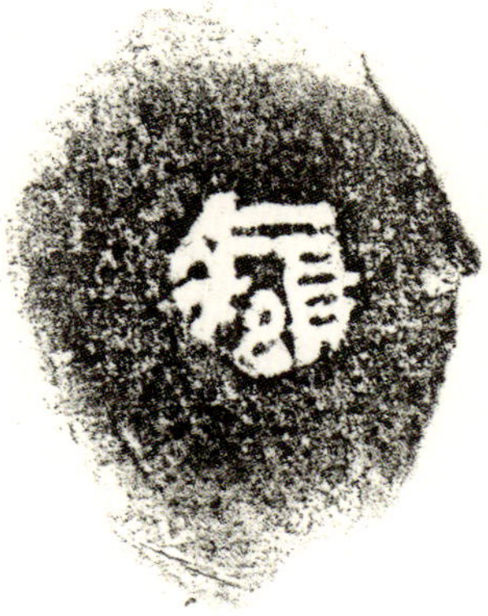
瓦器

編號01469.11.057–01469.11.060

瓦器

瓦器

瓦器

瓦器

編號01469.11.061–01469.11.064

瓦器

瓦器

瓦器

瓦器

編號01469.11.065–01469.11.068

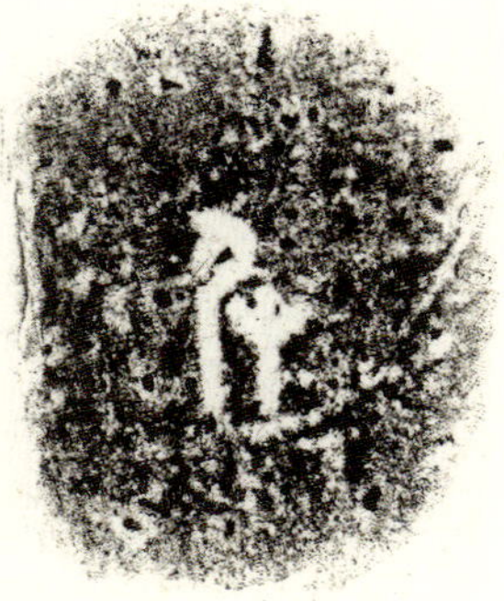

瓦器

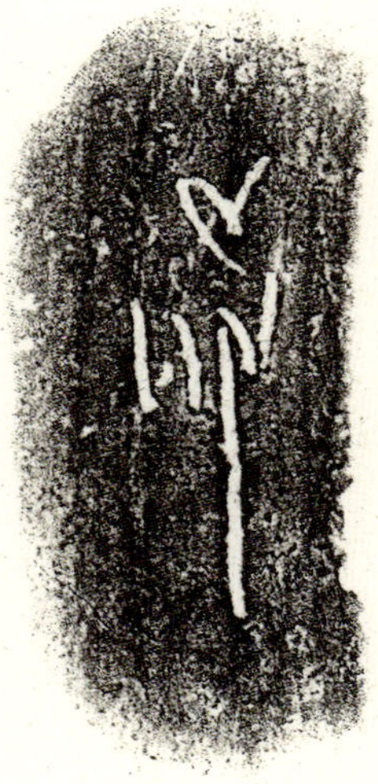

瓦器

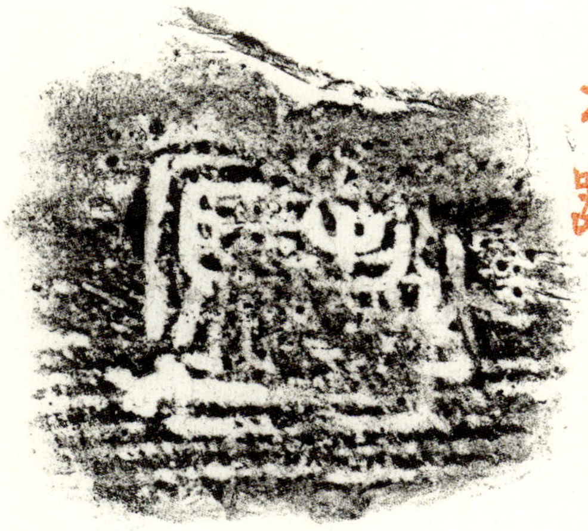

瓦器

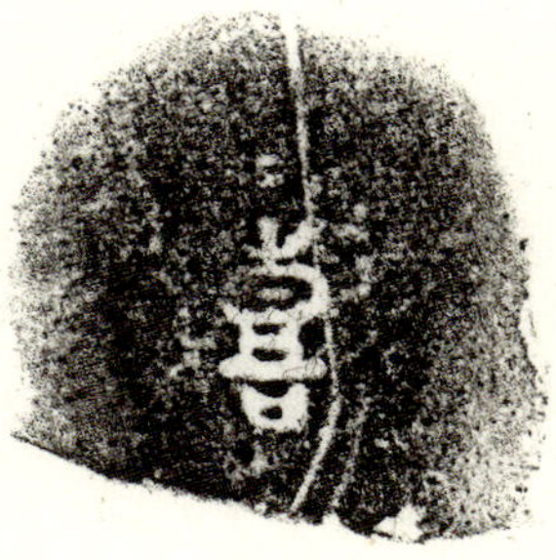

瓦器

編號01469.11.069–01469.11.072

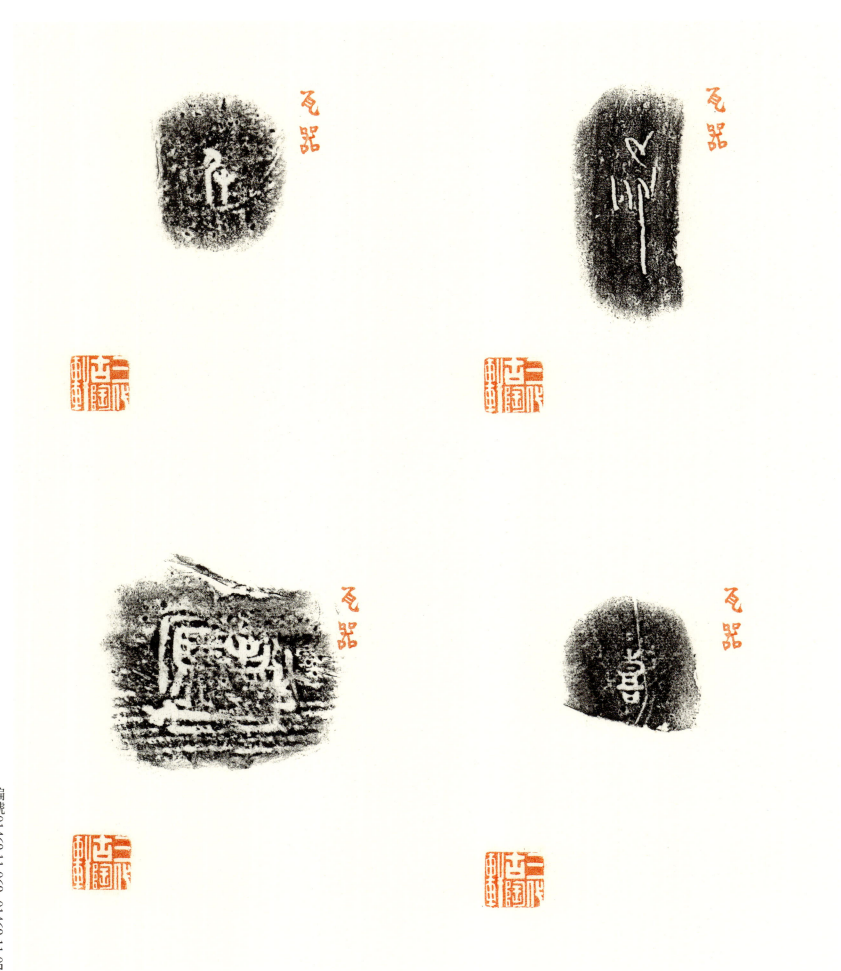

瓦器

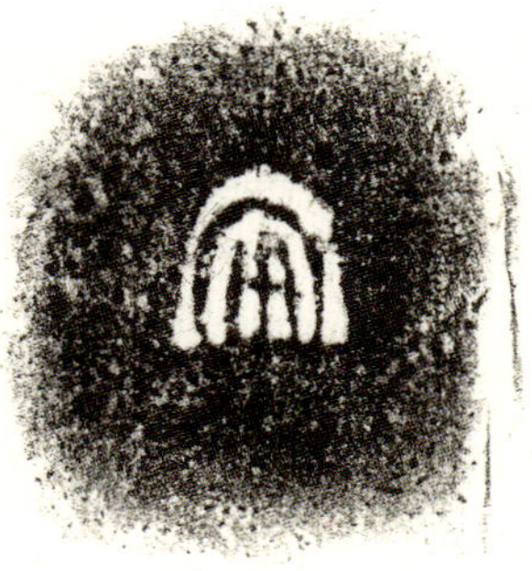

瓦器

瓦器

瓦器

編號01469.11.073–01469.11.076

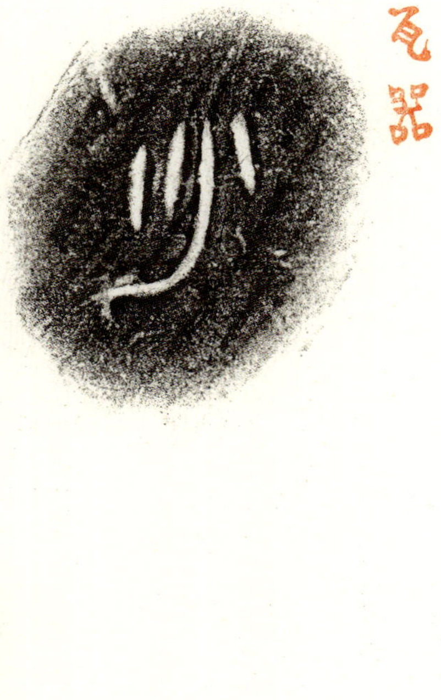

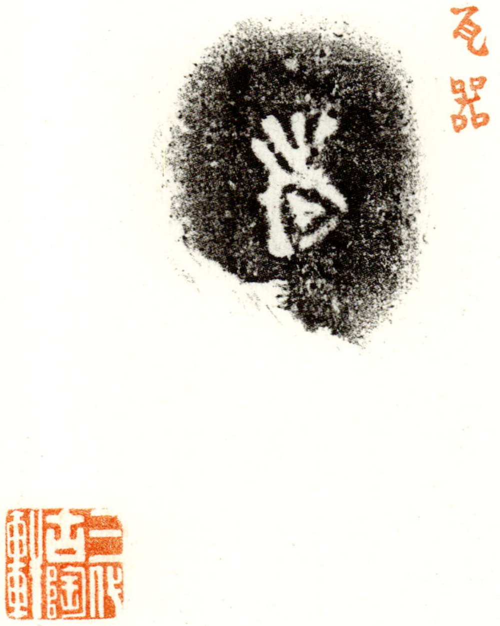

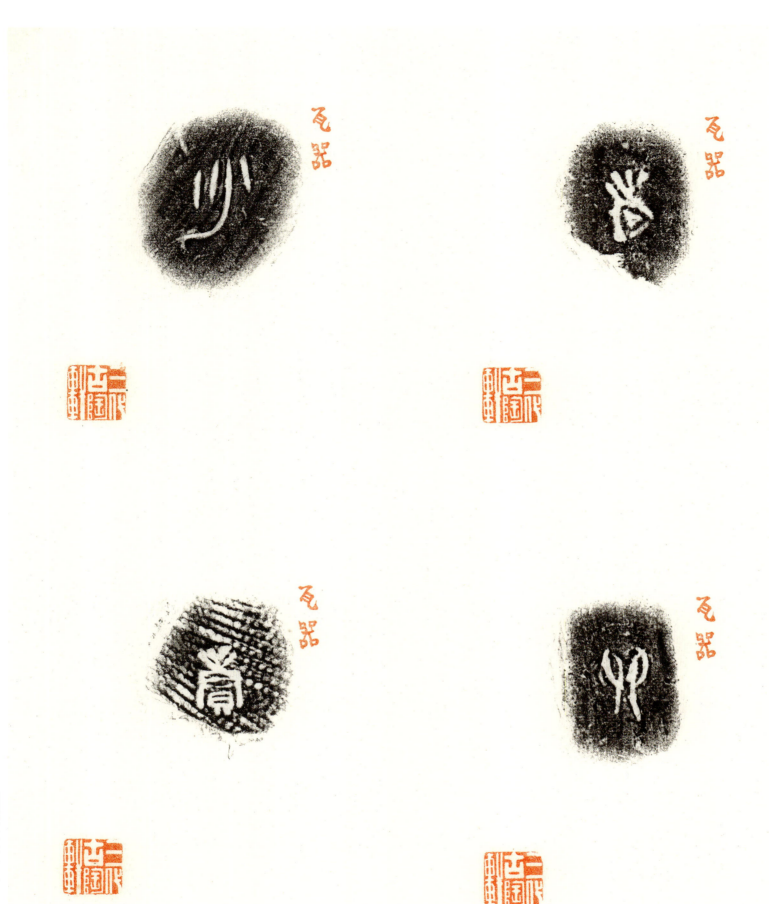

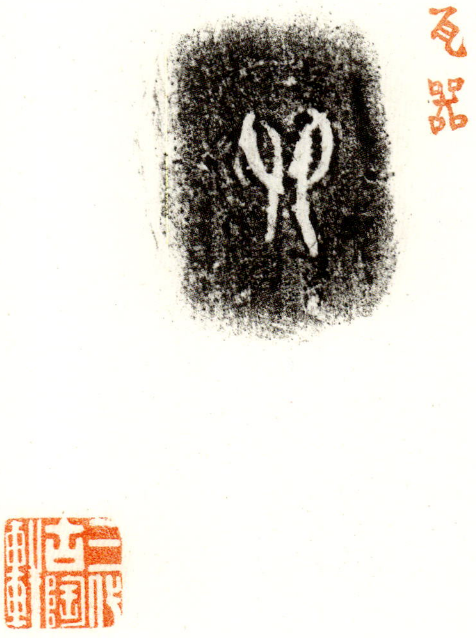

編號01469.11.077–01469.11.080

瓦器

瓦器

瓦器

瓦器

編號01469.11.081-01469.11.084

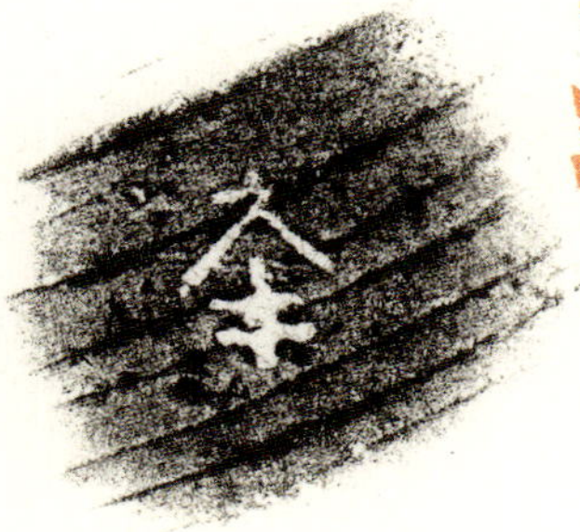

瓦器

瓦器

瓦器

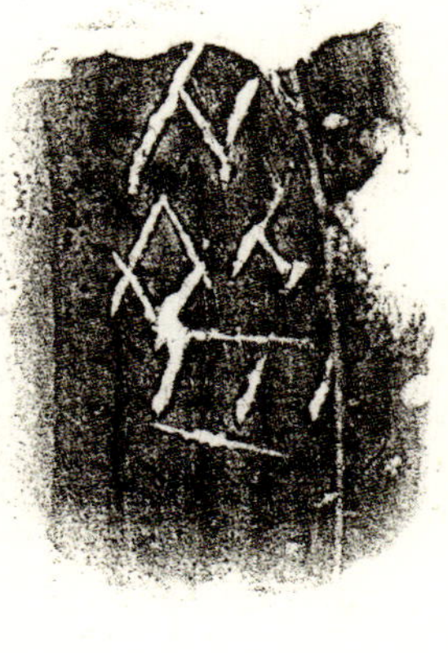

瓦器

編號01469.11.085–01469.11.088

瓦器

瓦器

瓦器

瓦器

編號01469.11.089–01469.11.092

瓦器

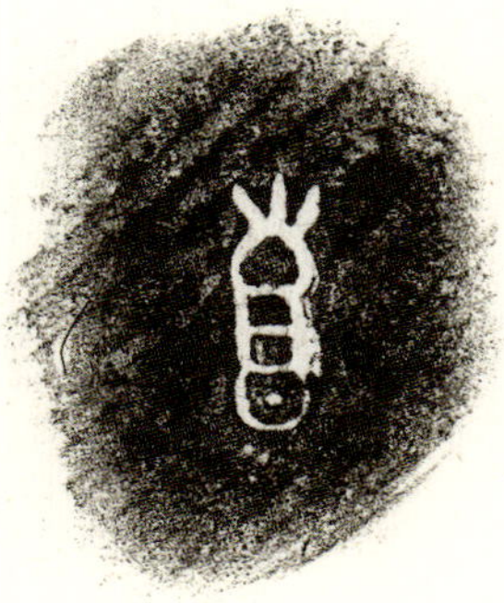

瓦器

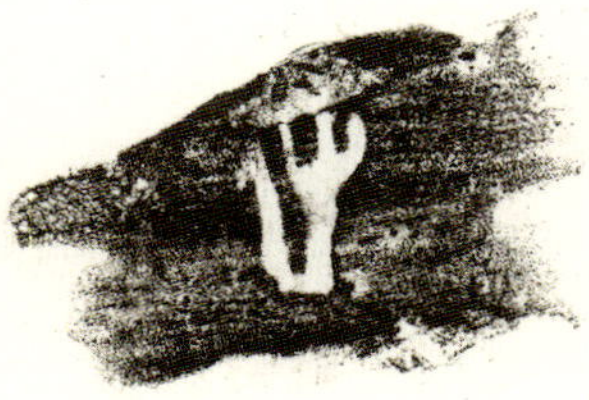

瓦器

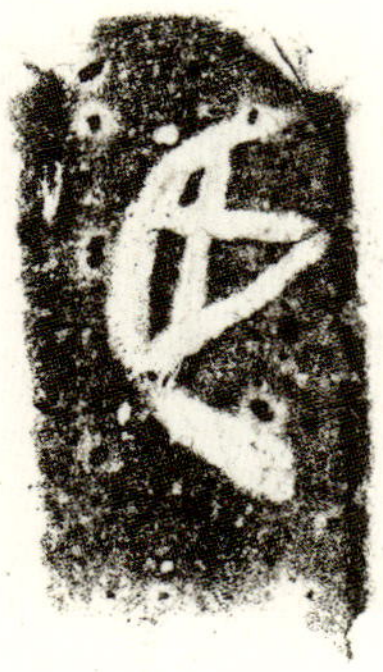

瓦器

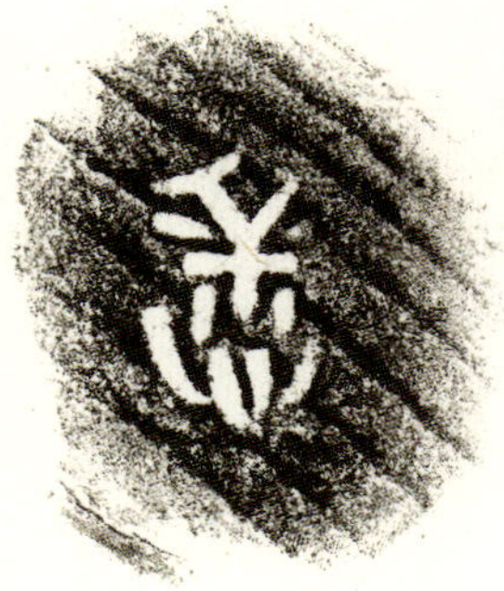

編號01469.11.093-01469.11.096

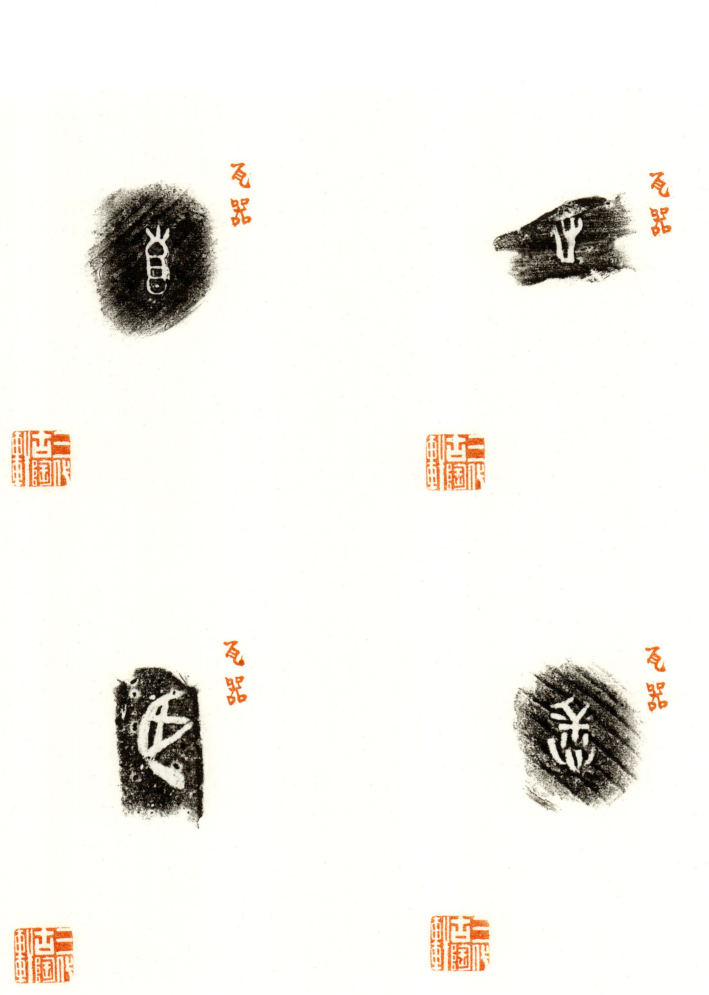

瓦器

瓦器

瓦器

瓦器

編號01469.11.097–01469.11.100

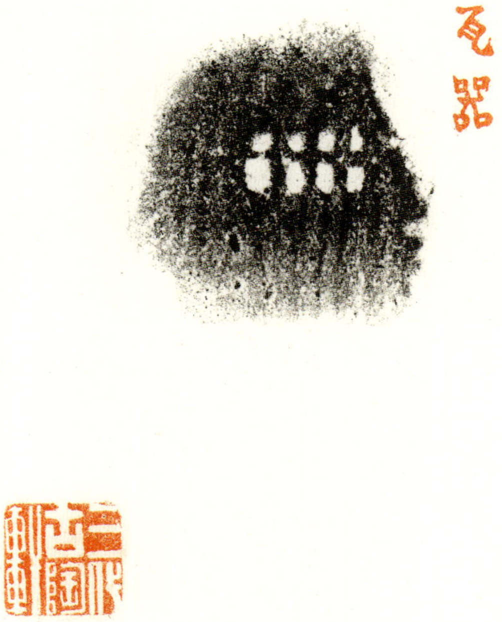

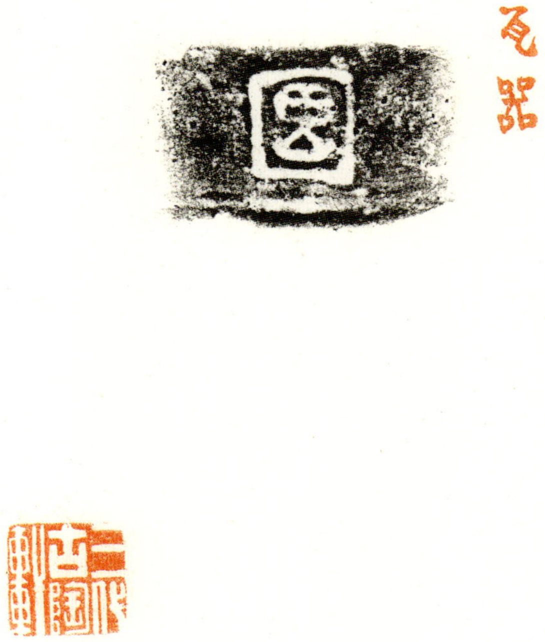

編號01469.11.101–01469.11.104

瓦器

瓦器

瓦器

瓦器

編號01469.11.105–01469.11.108

瓦器

瓦器

瓦器

瓦器

編號01469.11.109–01469.11.112

瓦器

瓦器

瓦器

瓦器

編號01469.11.113–01469.11.116

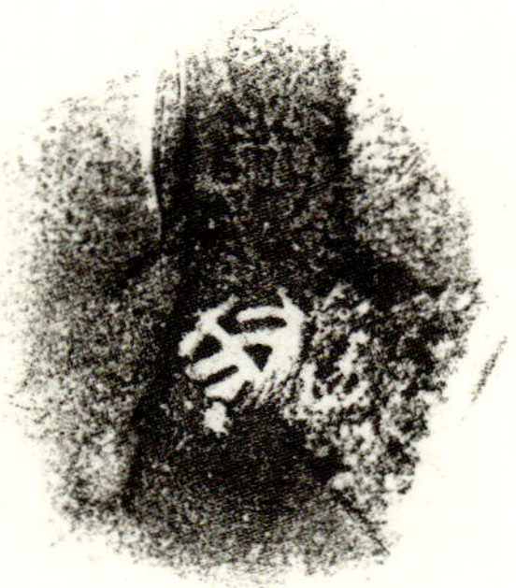

瓦器

瓦器

瓦器

瓦器

編號01469.11.117–01469.11.120

瓦器

瓦器

瓦器

瓦器

編號01469.11.121–01469.11.124

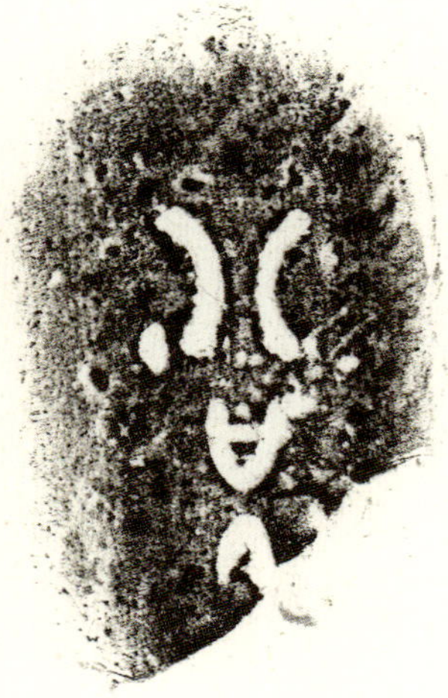

瓦器

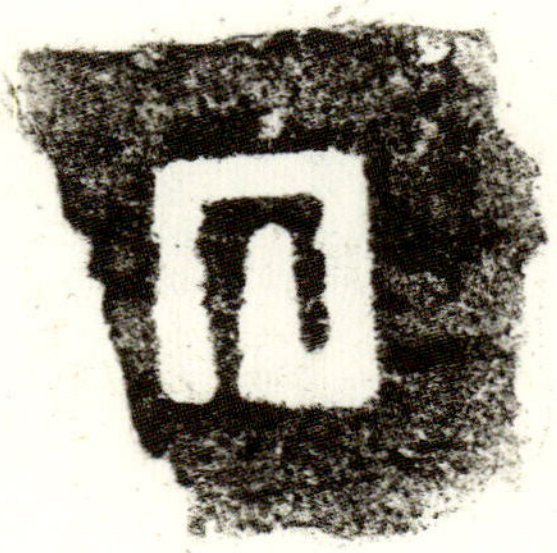

瓦器

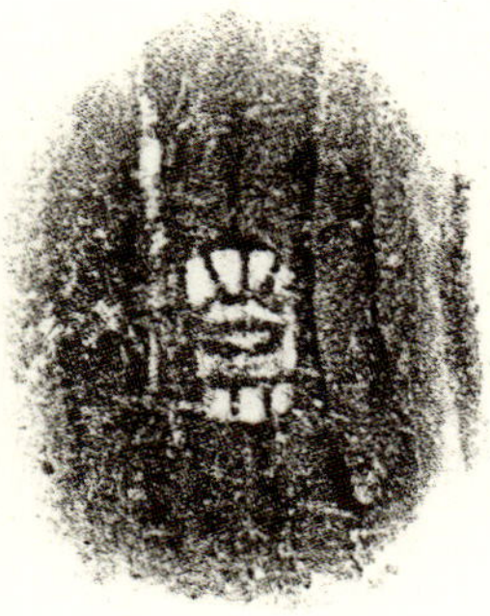

瓦器

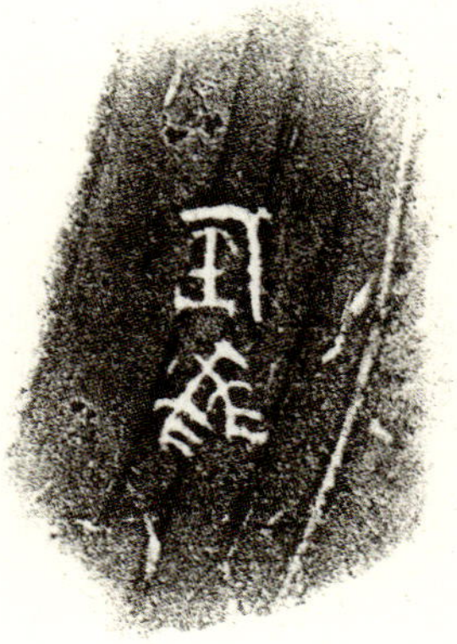

瓦器

編號01469.11.125–01469.11.128

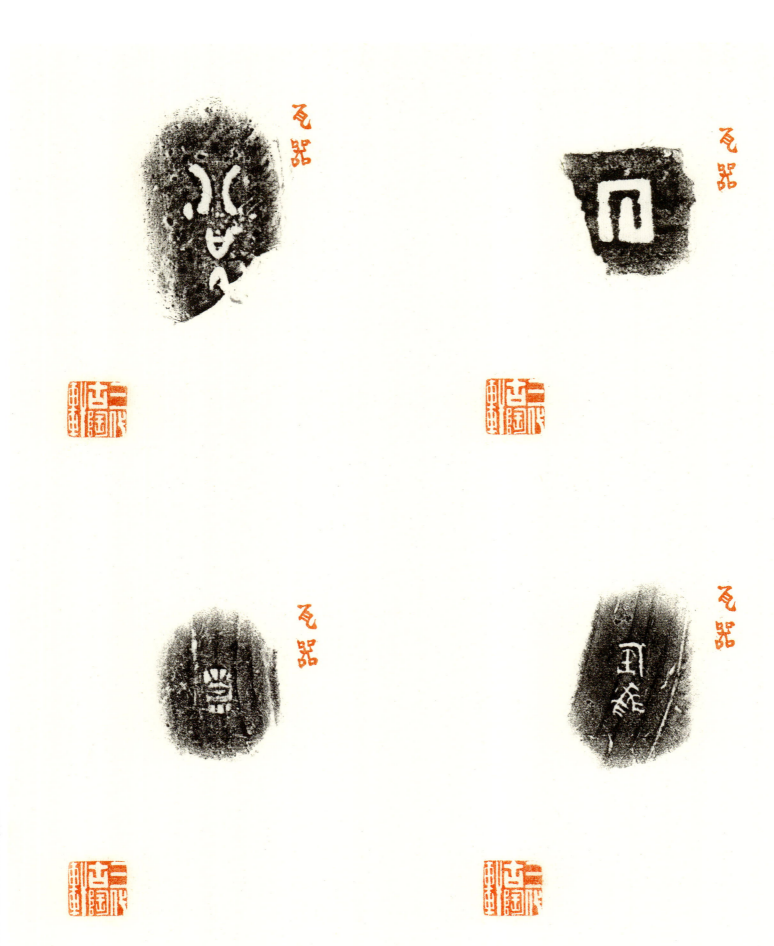

瓦器

瓦器

瓦器

瓦器

編號01469.11.129–01469.11.132

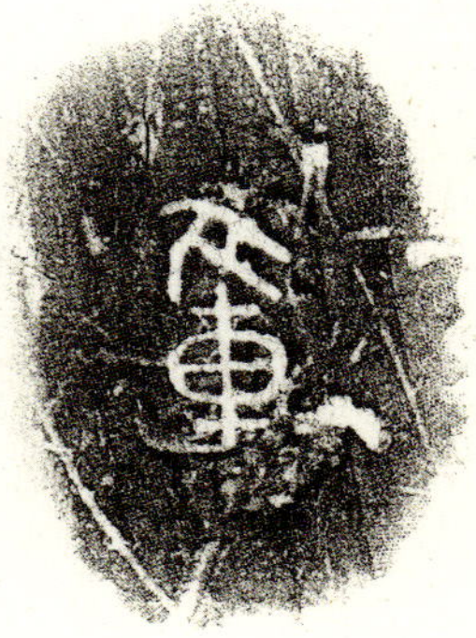

瓦器

瓦器

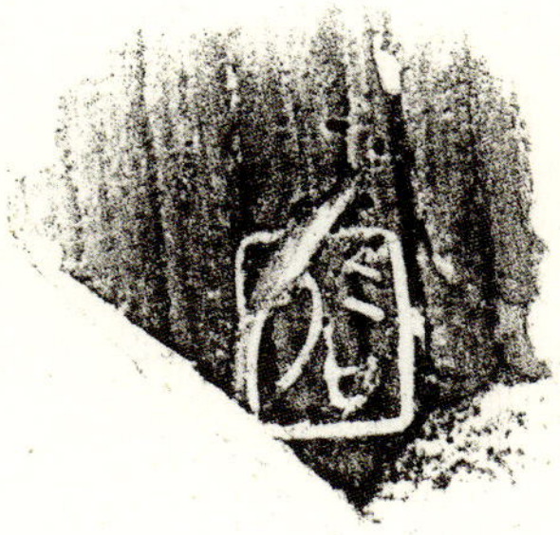

瓦器

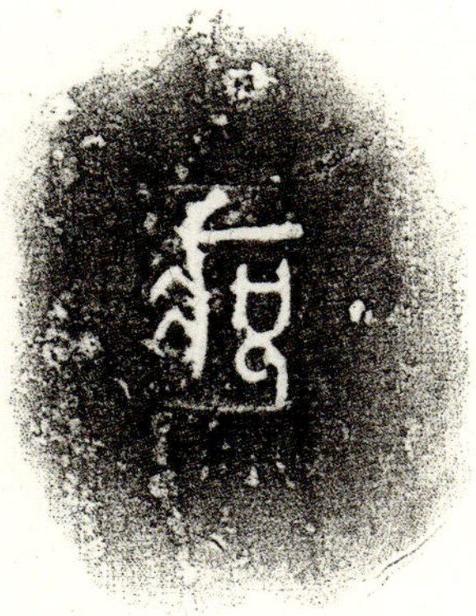

瓦器

編號01469.11.133–01469.11.136

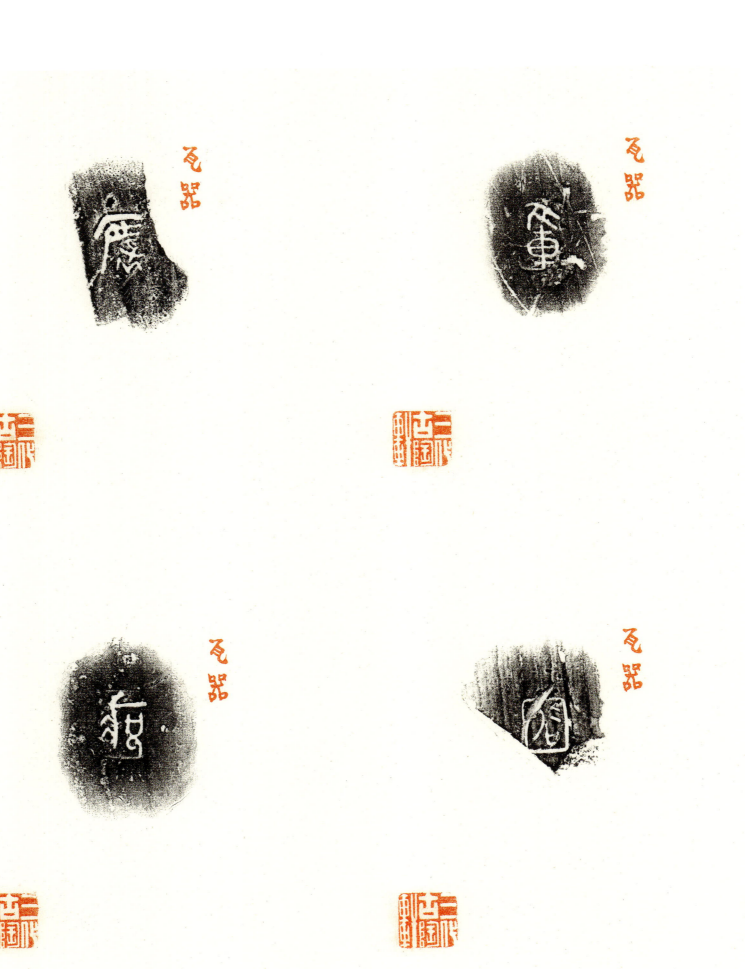

瓦器

瓦器

瓦器

瓦器

編號01469.11.137–01469.11.140

瓦器

瓦器

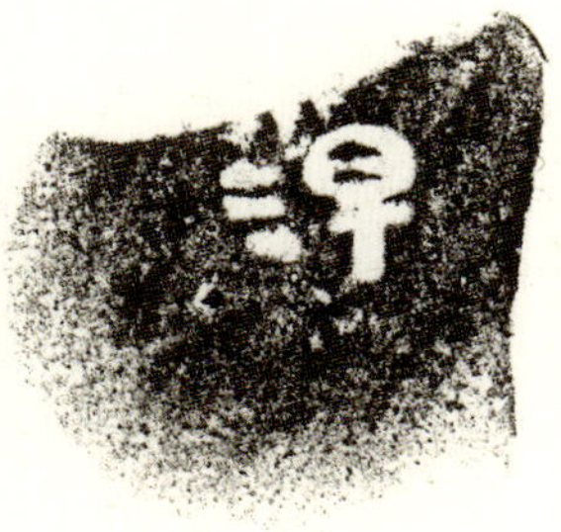

瓦器

瓦器

編號01469.11.141–01469.11.144

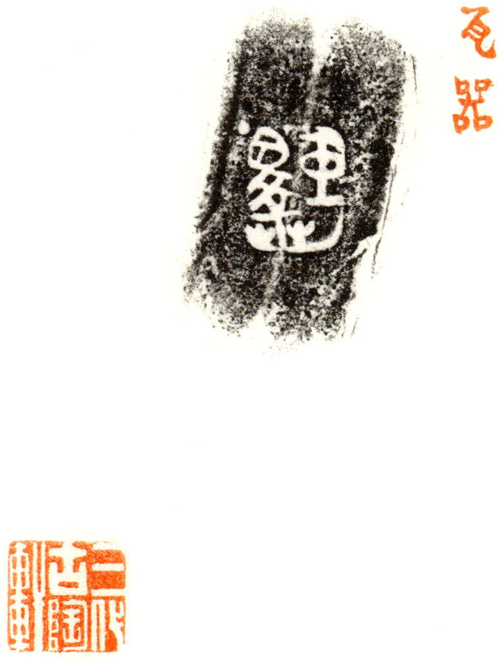

編號01469.11.145–01469.11.148

瓦器

瓦器

瓦器

瓦器

編號01469.11.149–01469.11.152

瓦器

瓦器

瓦器

瓦器

編號01469.11.153–01469.11.156

瓦器

瓦器

瓦器

瓦器

編號01469.11.157–01469.11.160

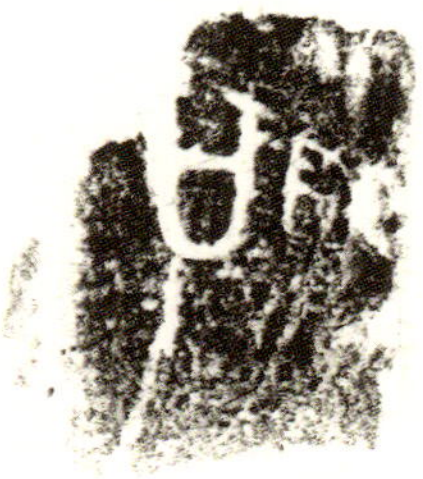

瓦器

瓦器

瓦器

瓦器

編號01469.11.161–01469.11.164

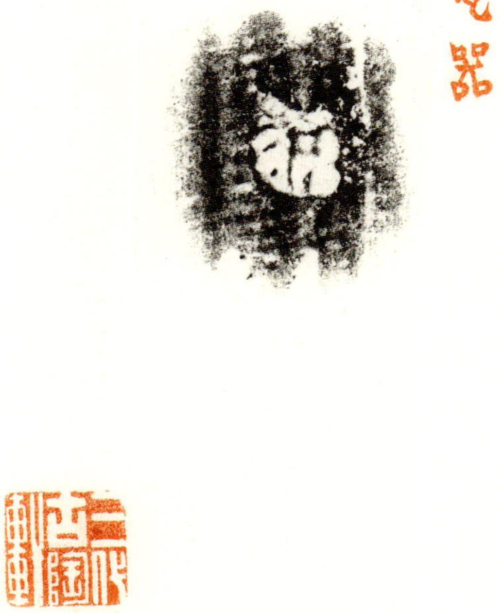

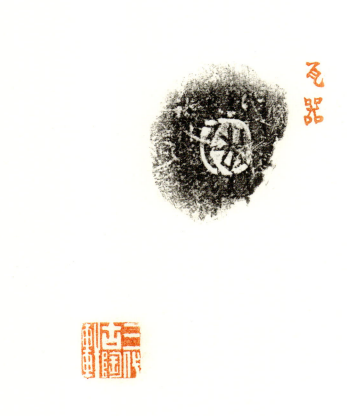

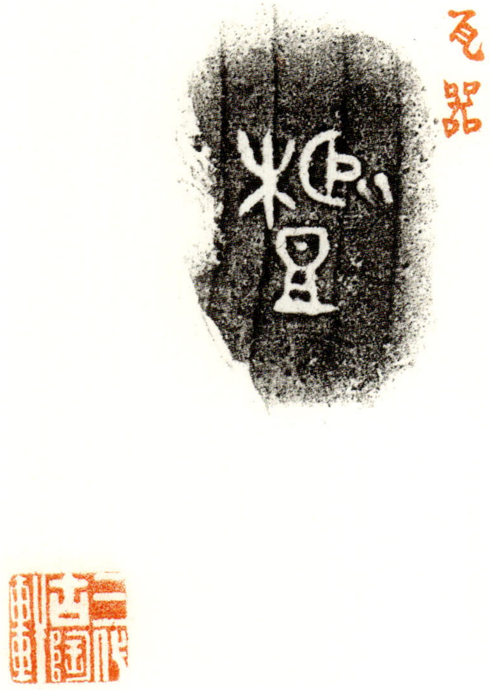

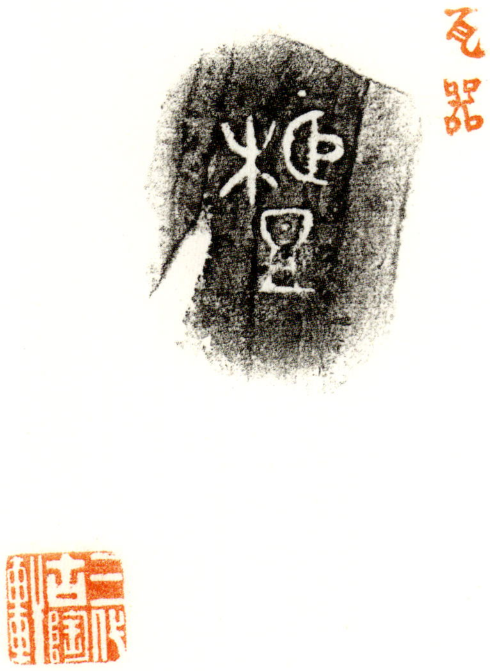

編號01469.11.165–01469.11.168

瓦器

瓦器

瓦器

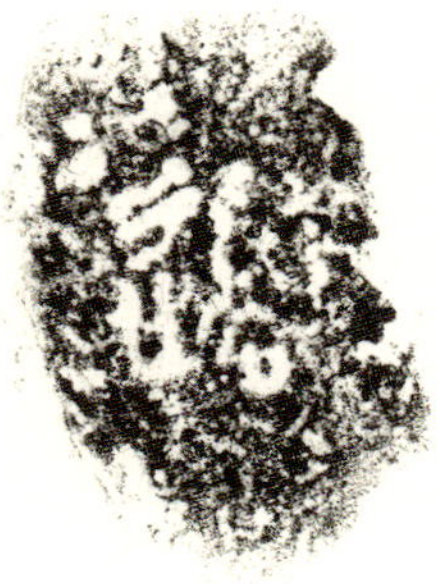

瓦器

編號01469.11.169–01469.11.172

瓦器

瓦器

瓦器

瓦器

編號01469.11.173–01469.11.176

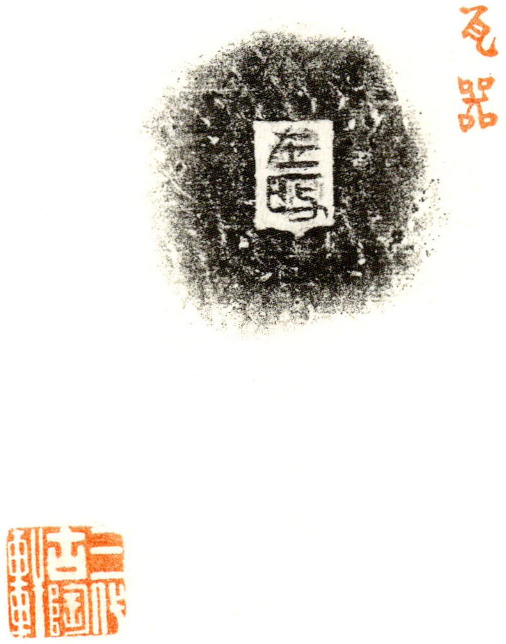

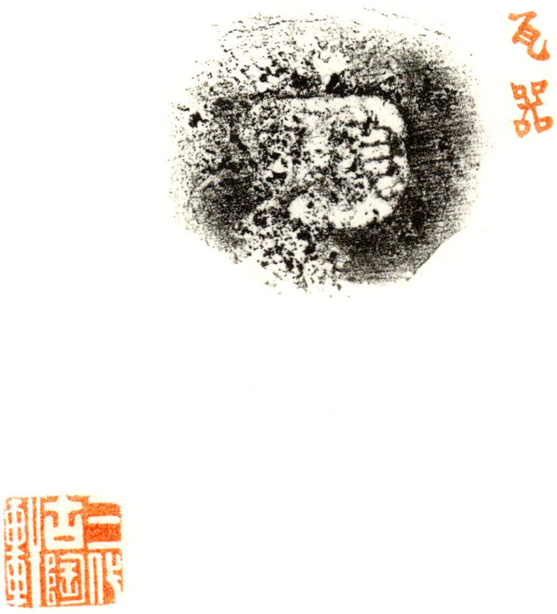

編號01469.11.177–01469.11.180

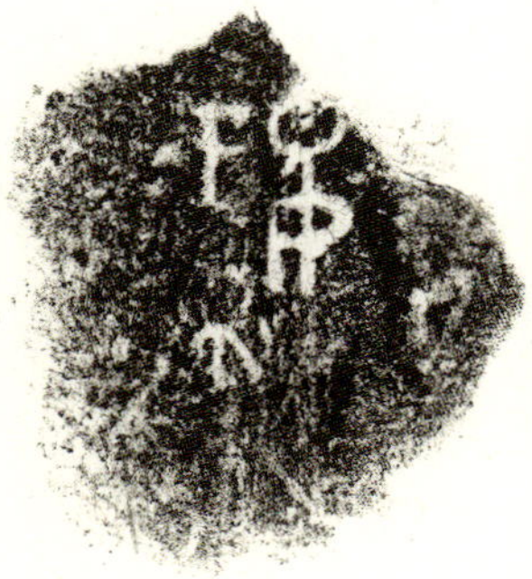

瓦器

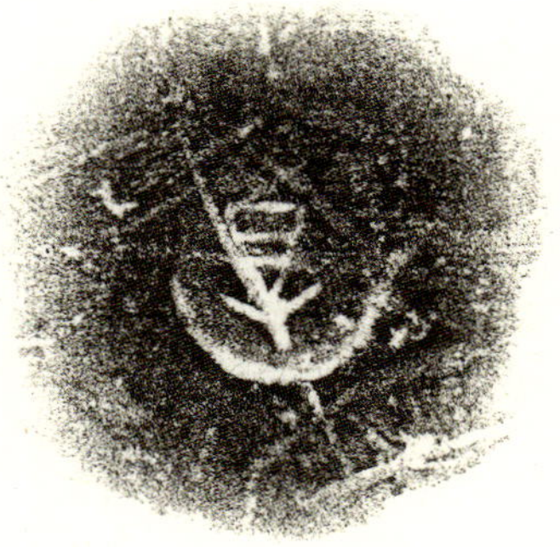

瓦器

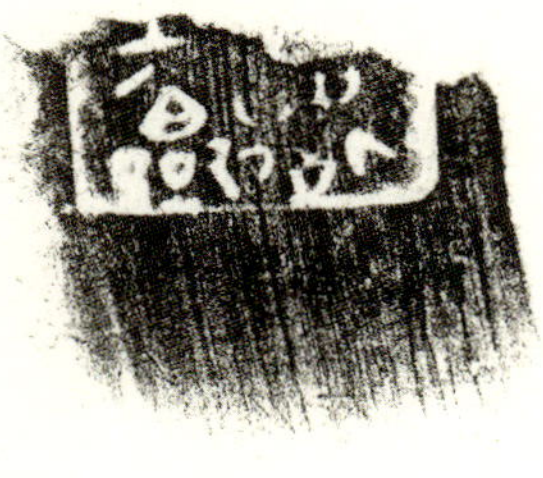

瓦器

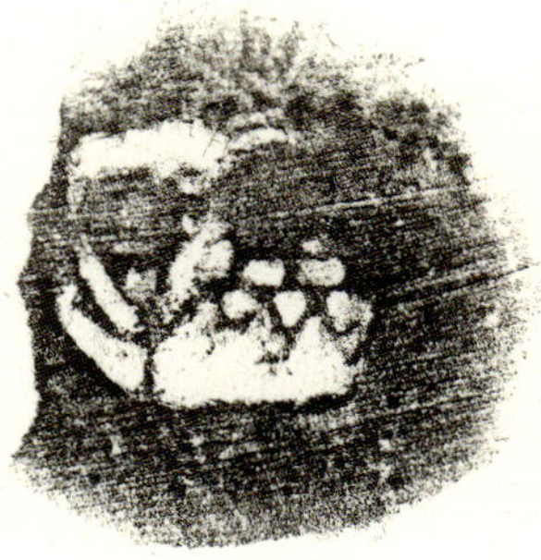

瓦器

編號01469.11.181–01469.11.184

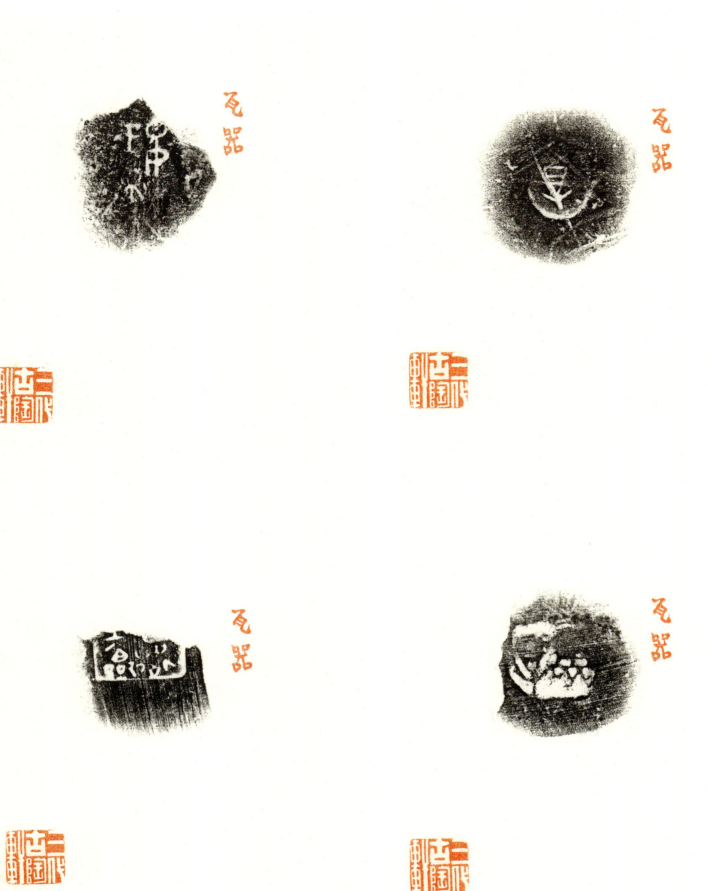

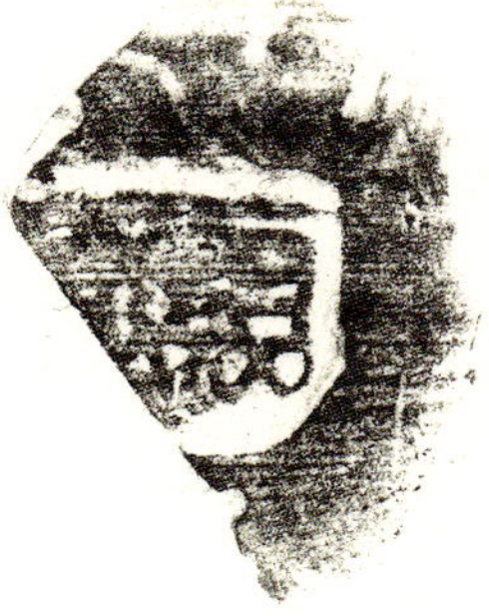

瓦器

瓦器

瓦器

瓦器

編號01469.11.185-01469.11.188

瓦器

瓦器

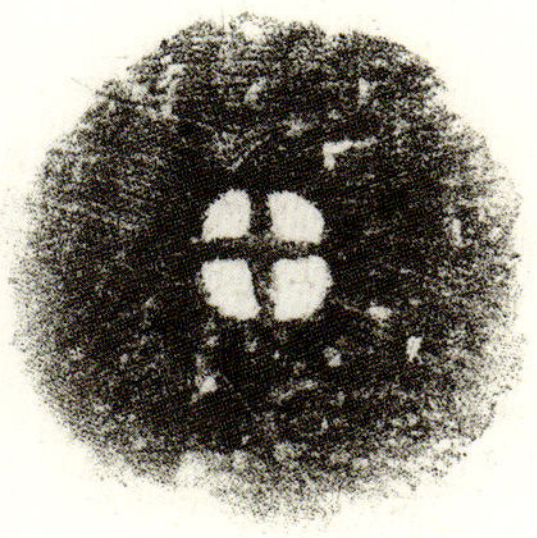

瓦器完

瓦器

編號01469.11.189–01469.11.192

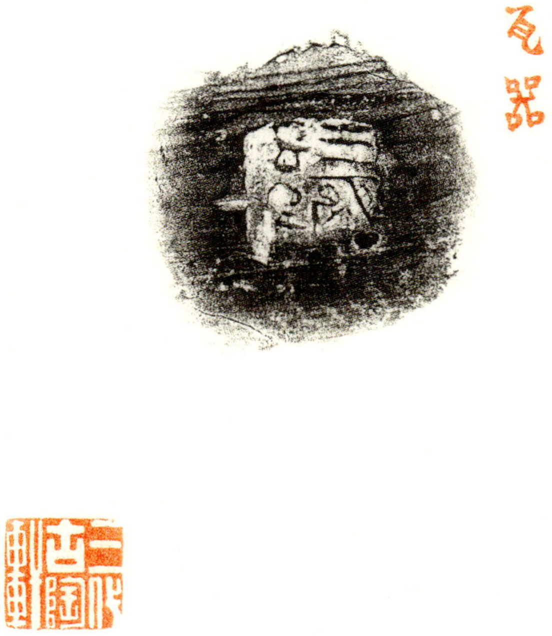

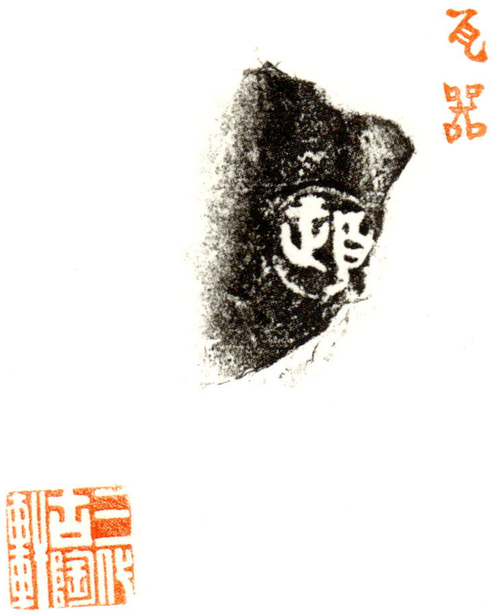

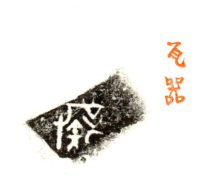

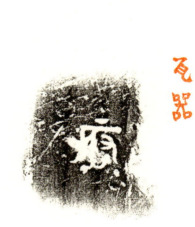

編號01469.11.193–01469.11.196

瓦器

瓦器

瓦器

瓦器

編號01469.11.197–01469.11.200

瓦器

瓦器

瓦器

瓦器

編號01469.11.201–01469.11.204

編號01469.11.205–01469.11.208

瓦器

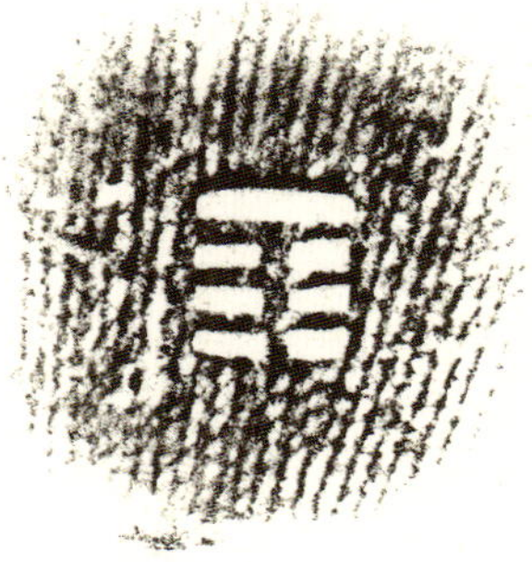

瓦器

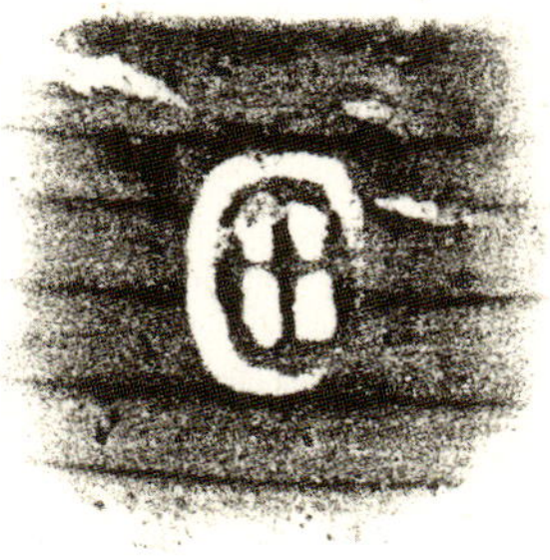

瓦器

瓦器

編號01469.11.209–01469.11.212

編號01469.11.213–01469.11.216

瓦器

瓦器

瓦器

瓦器

編號01469.11.217–01469.11.220

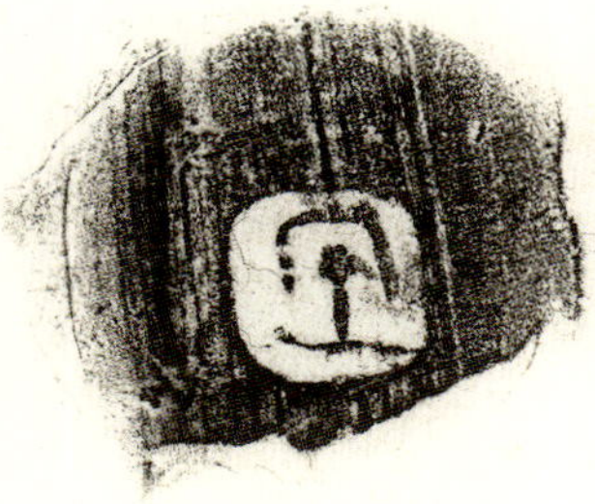

瓦器

瓦器

瓦器

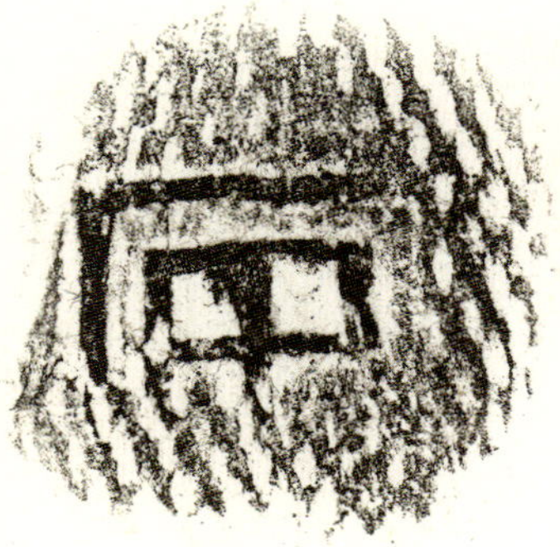

瓦器

編號01469.11.221–01469.11.224

瓦器

瓦器

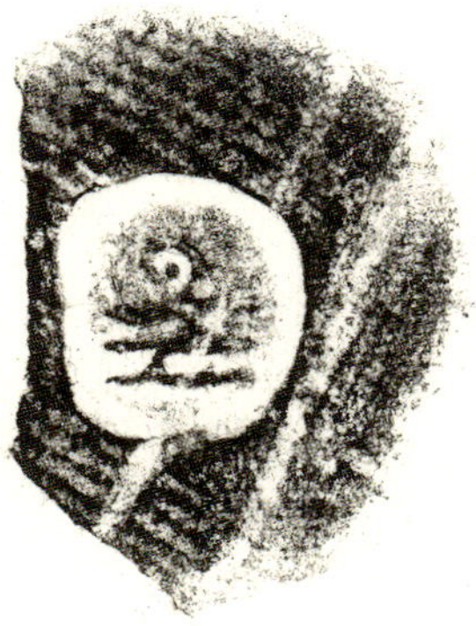

瓦器

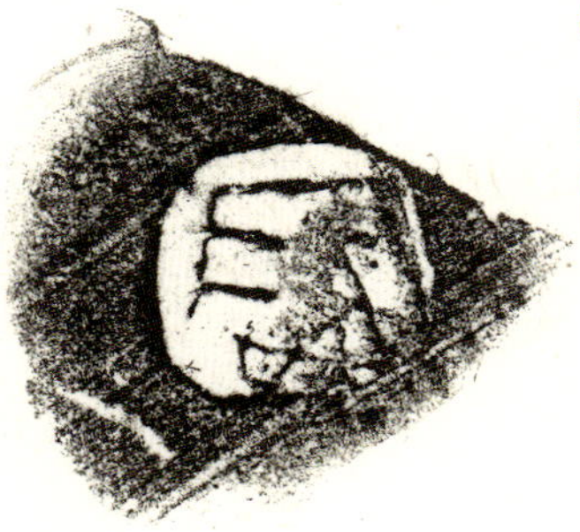

瓦器

編號01469.11.225–01469.11.228

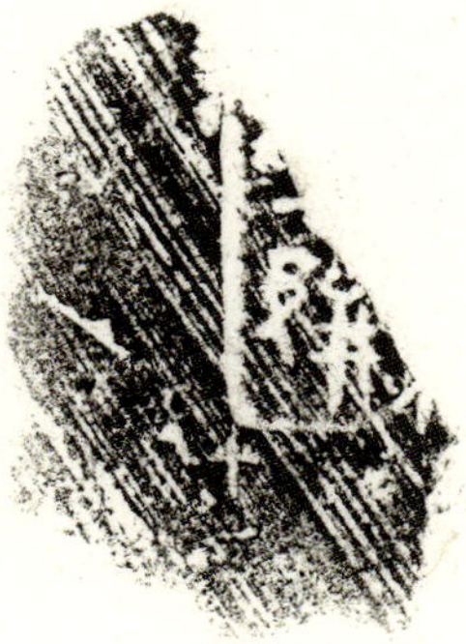

瓦器

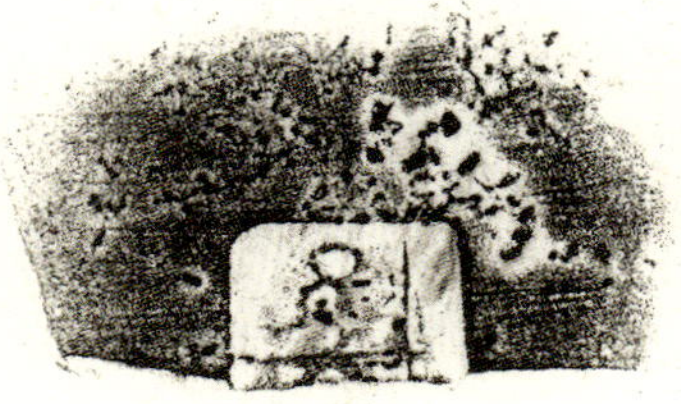

瓦器

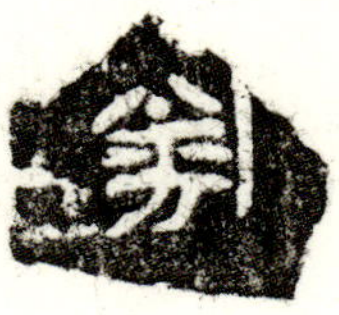

瓦器

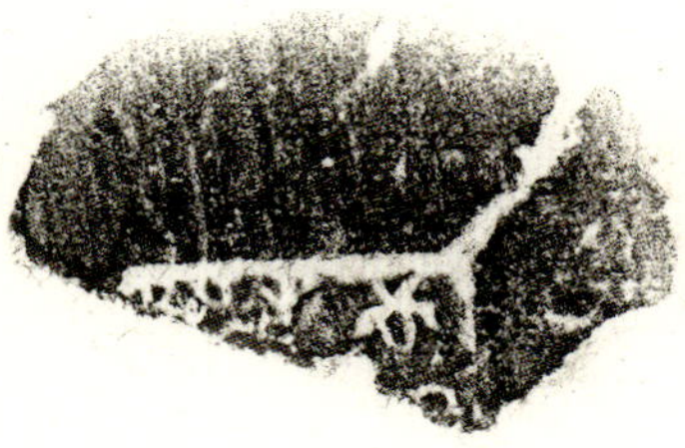

瓦器

編號01469.11.229-01469.11.232

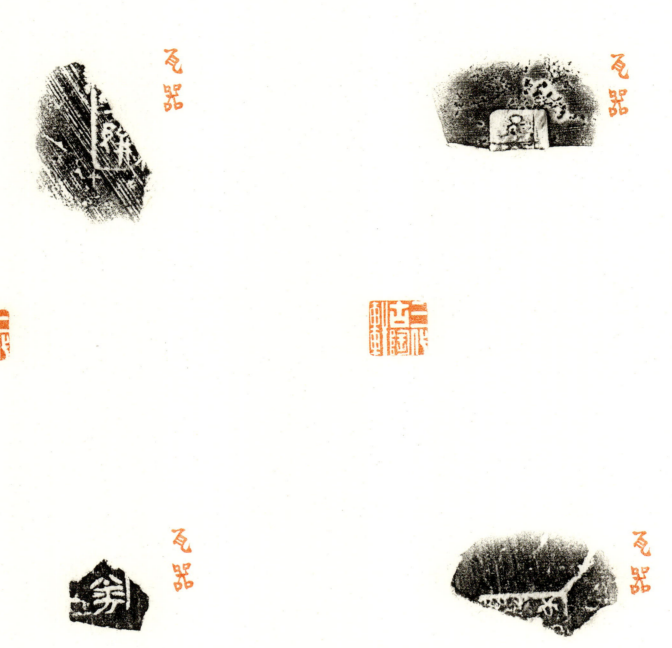

瓦器

瓦器

瓦器

瓦器

編號01469.11.233–01469.11.236

瓦器

瓦器

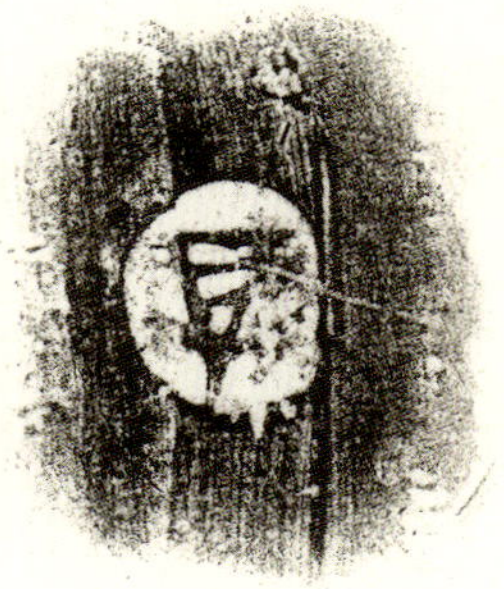

瓦器

瓦器

編號01469.11.237–01469.11.240

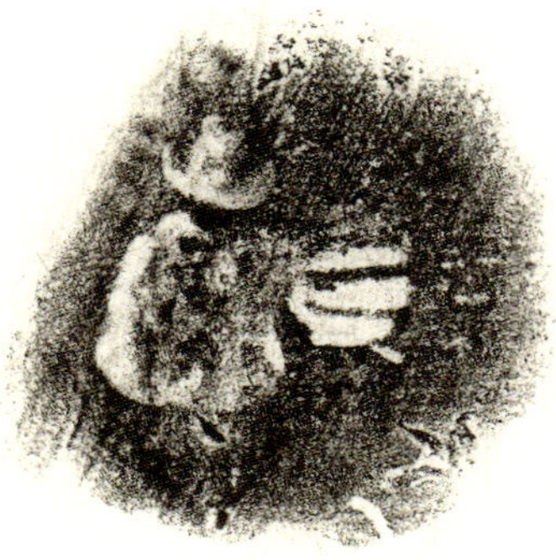

瓦器

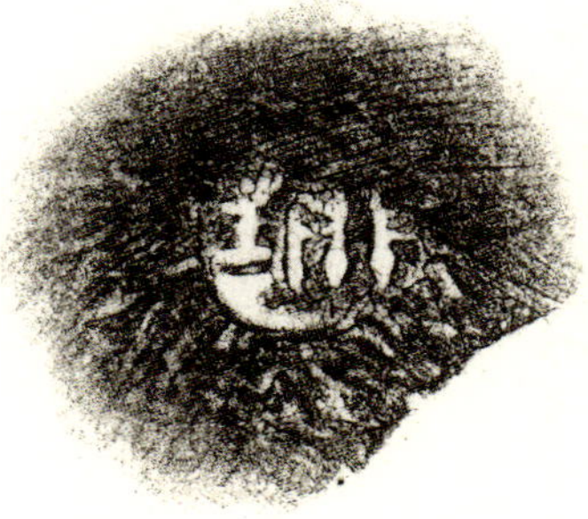

瓦器

瓦器

瓦器

編號01469.11.241—01469.11.244

瓦器

瓦器

瓦器

瓦器

編號01469.11.245-01469.11.248

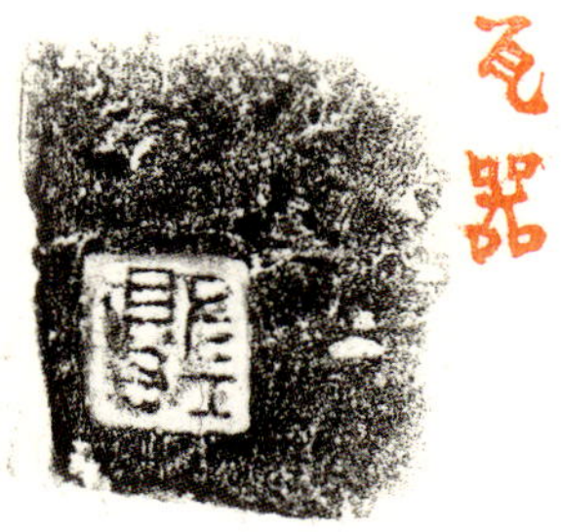

編號01469.11.249–01469.11.252

瓦器

瓦器

瓦器

瓦器

編號01469.11.253–01469.11.256

編號01469.11.257–01469.11.260

瓦器

瓦器

瓦器

瓦器

編號01469.11.261-01469.11.264

瓦器

瓦器

瓦器

瓦器

編號01469.11.265–01469.11.268

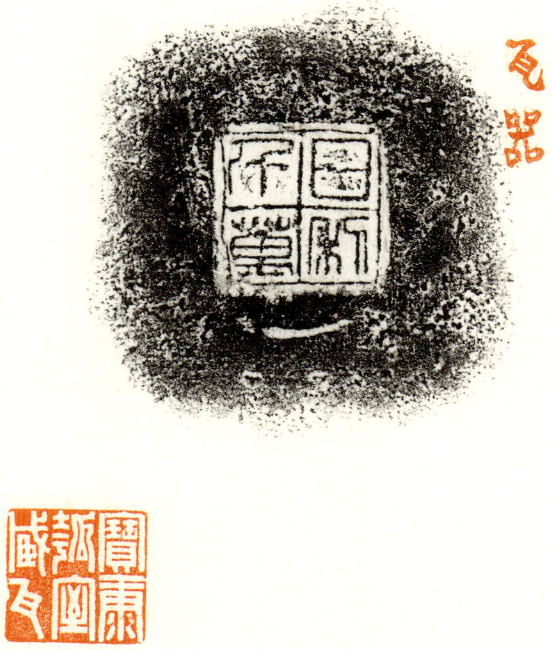

編號01469.11.269–01469.11.272

瓦器

瓦器

瓦器

瓦器

編號01469.11.273–01469.11.276

瓦器

瓦器

瓦器

瓦器

編號01469.11.277–01469.11.280

瓦器

瓦器

瓦器

瓦器

編號01469.11.281-01469.11.284

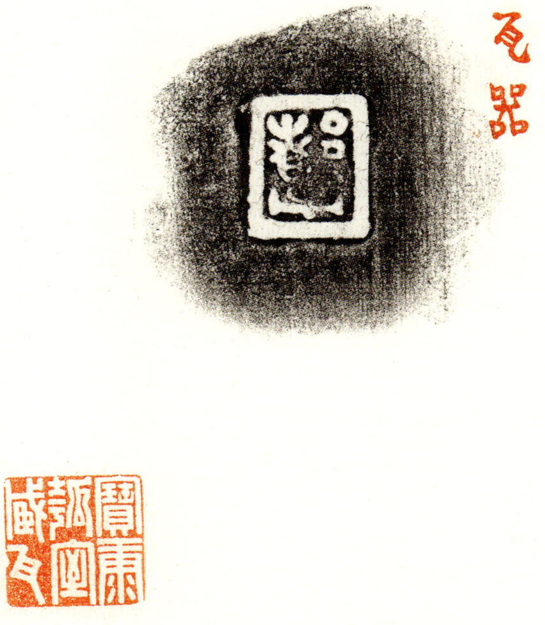

編號01469.11.285–01469.11.288

編號01469.11.289–01469.11.292

編號01469.11.293–01469.11.296

瓦器

瓦器

瓦器

瓦器

編號01469.11.297–01469.11.300

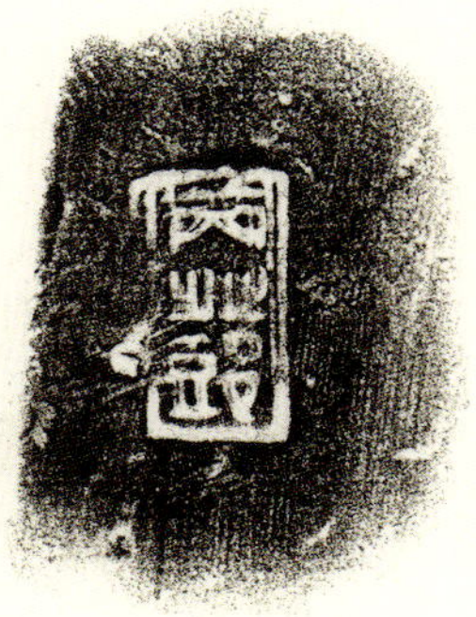

瓦器

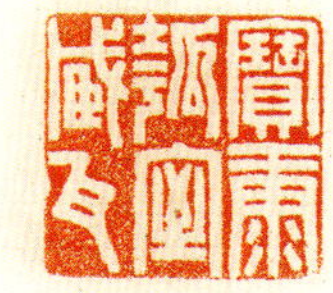

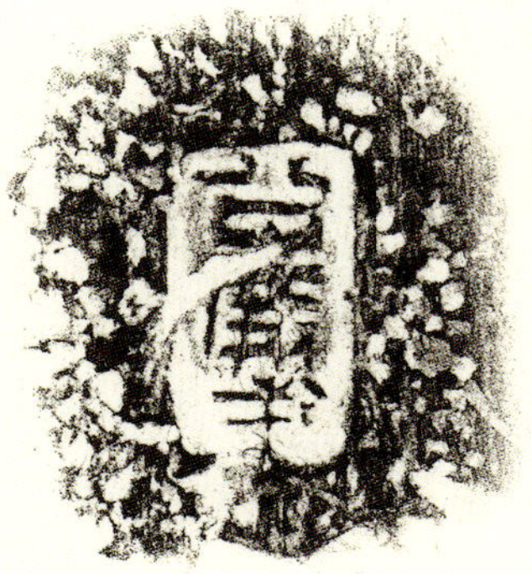

瓦器

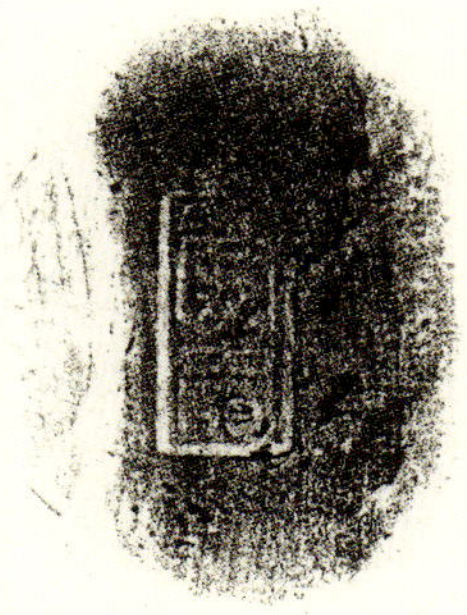

瓦器

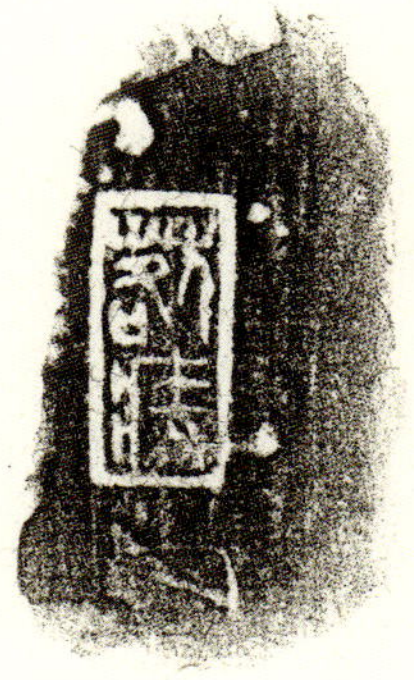

瓦器

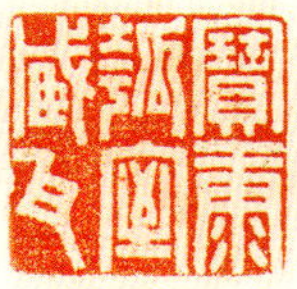

編號01469.11.301–01469.11.304

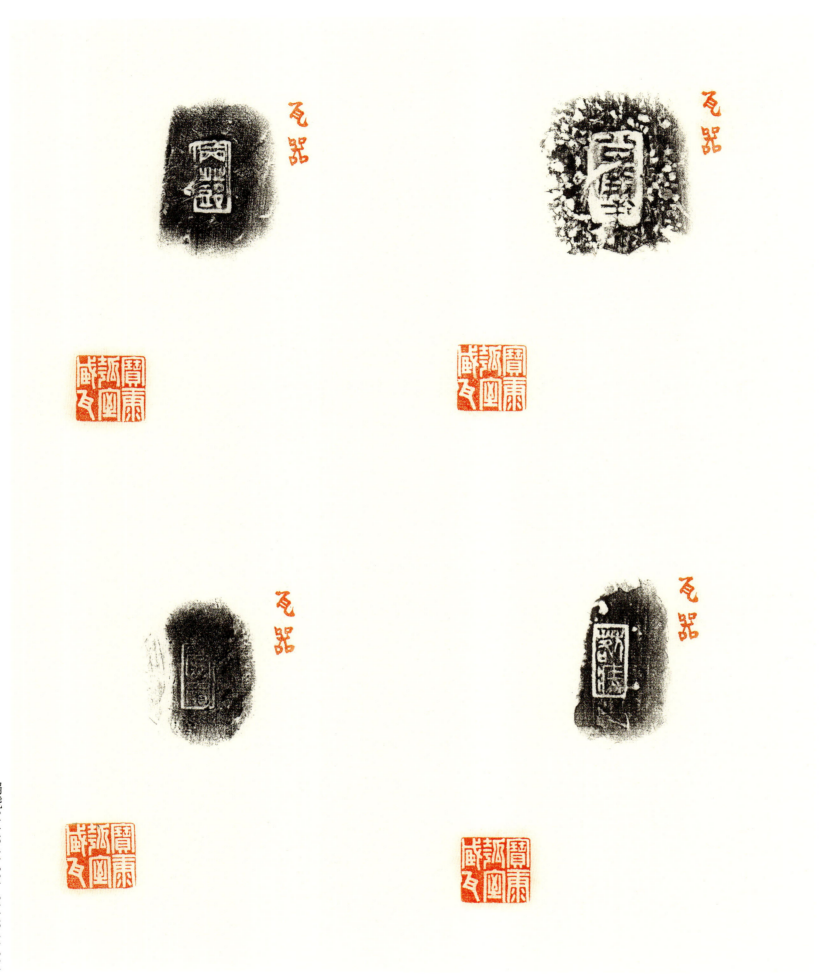

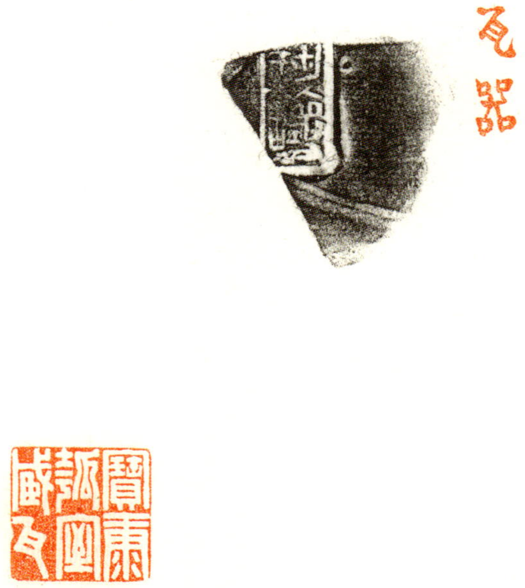

編號01469.11.305-01469.11.308

瓦器

瓦器

瓦器

瓦器

編號01469.11.309–01469.11.312

瓦器完

瓦器

瓦器

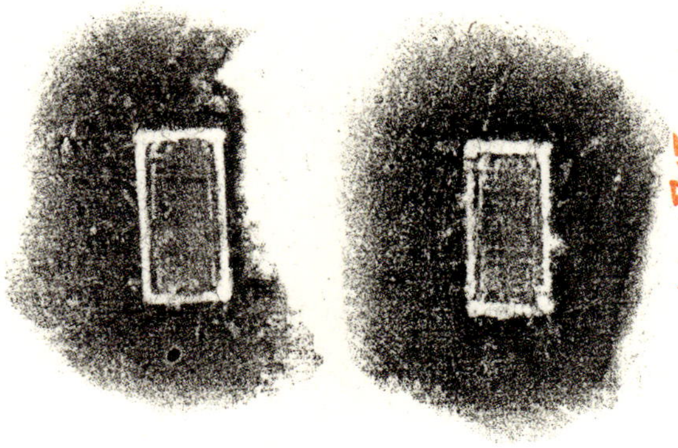

瓦器完

編號01469.11.313–01469.11.316

编號01469.11.317–01469.11.320

瓦器

瓦器

瓦器

瓦器

瓦器

瓦器

瓦器

瓦器

編號01469.12.001–01469.12.004

瓦器

瓦器

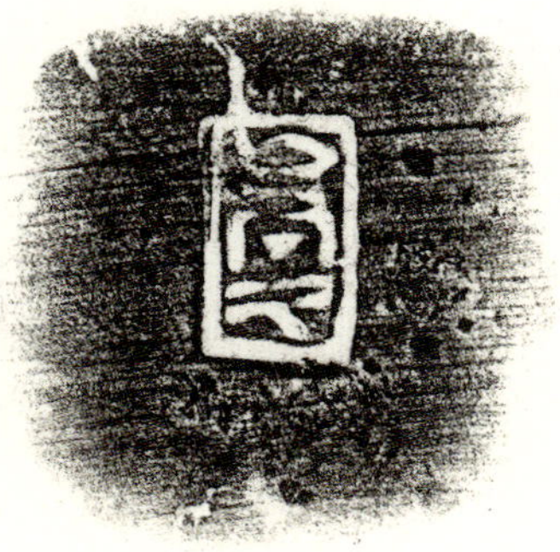

瓦器

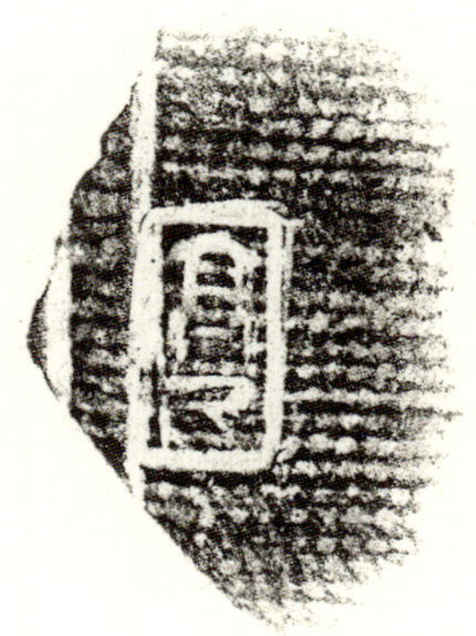

瓦器

編號01469.12.005–01469.12.008

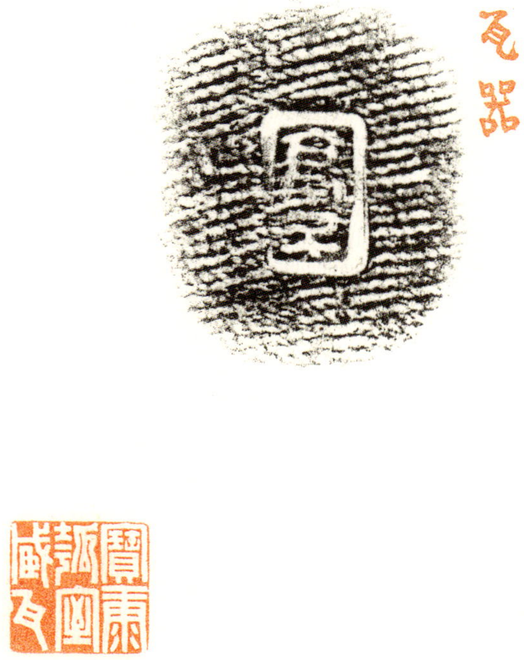

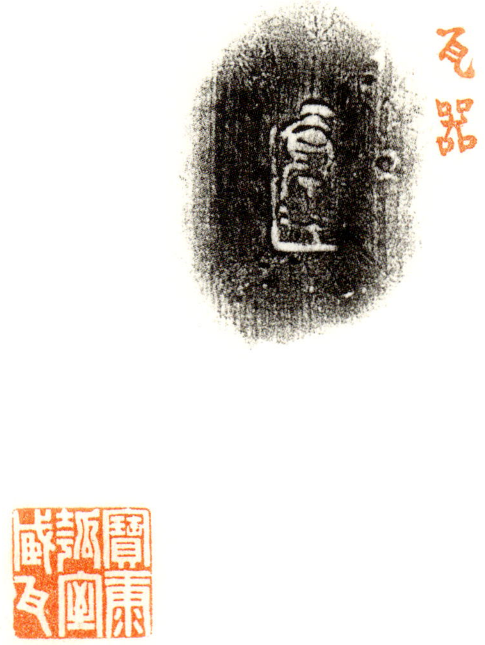

編號01469.12.009–01469.12.012

瓦器

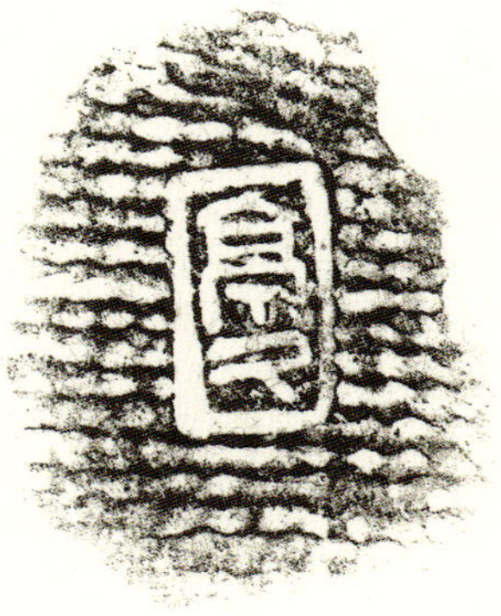

瓦器

瓦器

瓦器

編號01469.12.013–01469.12.016

瓦器完

瓦器

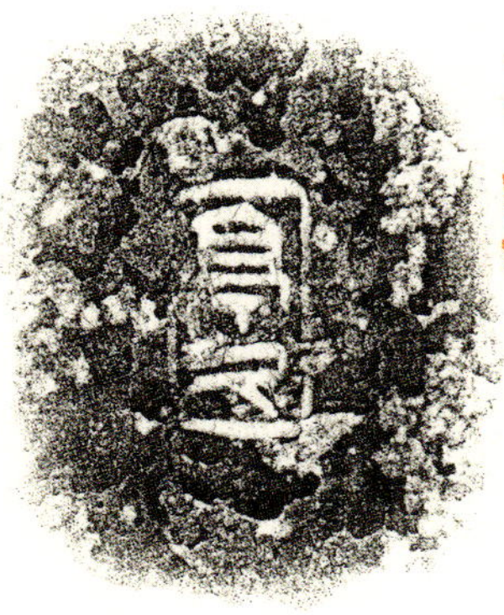

瓦器完

瓦器

編號01469.12.017–01469.12.020

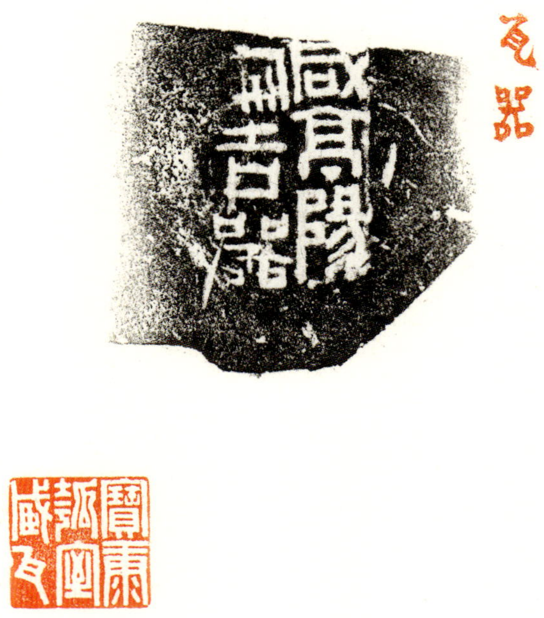

編號01469.12.021–01469.12.024

編號01469.12.025–01469.12.028

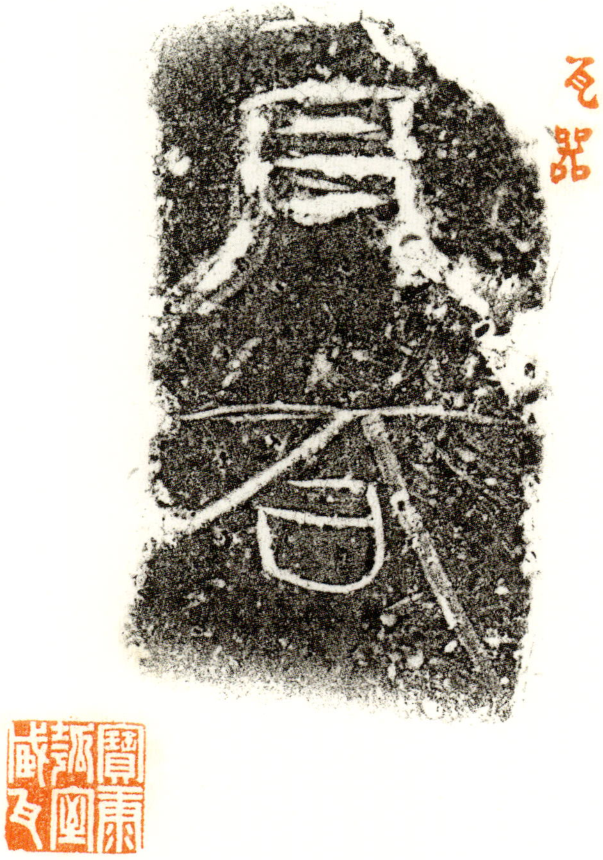

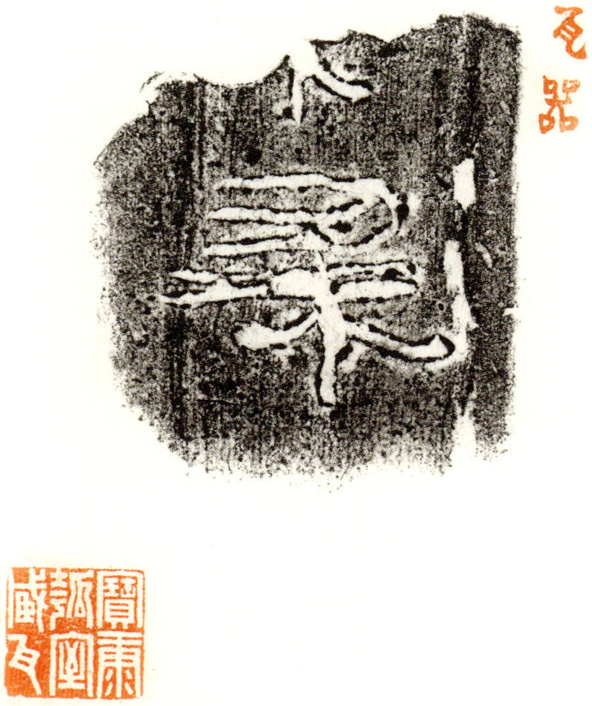

編號01469.12.029–01469.12.032

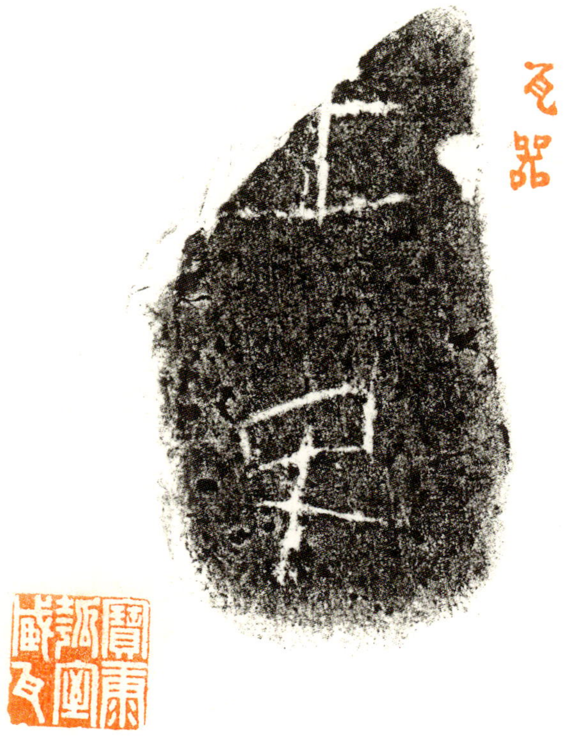

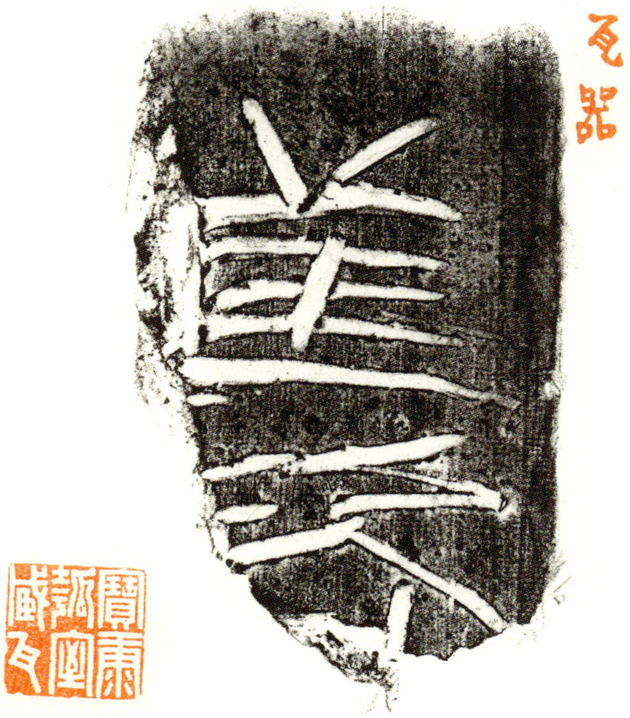

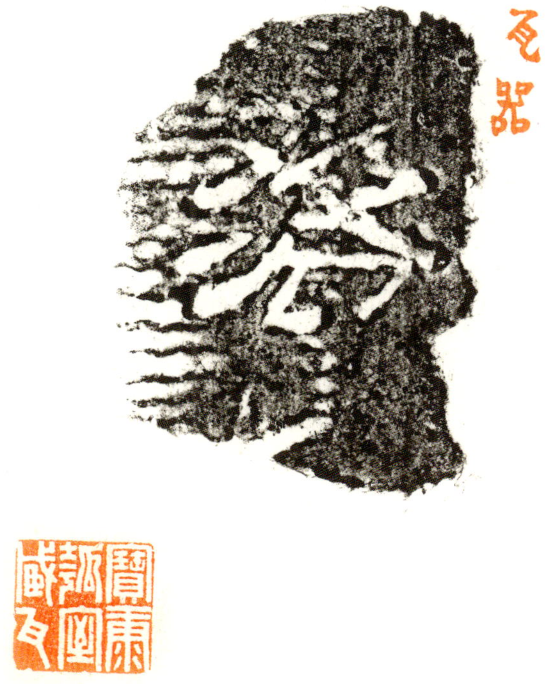

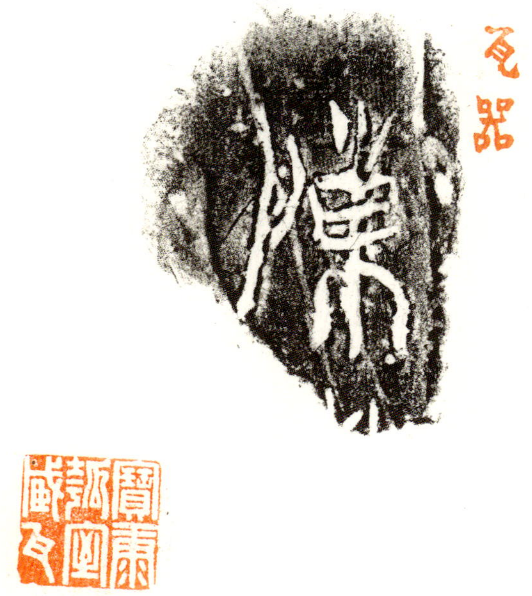

編號01469.12.033-01469.12.036

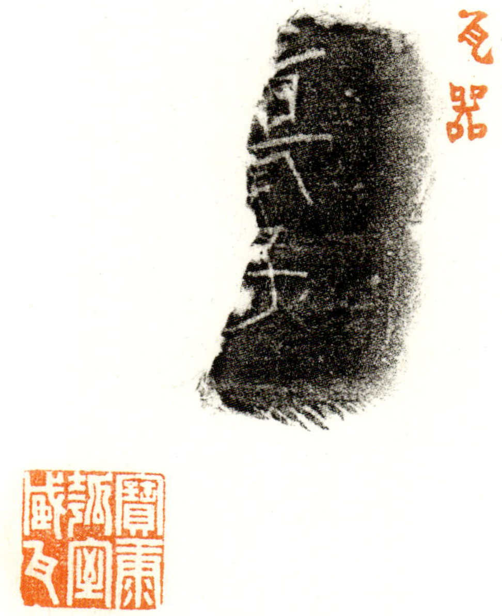

編號01469.12.037–01469.12.040

編號01469.12.041–01469.12.044

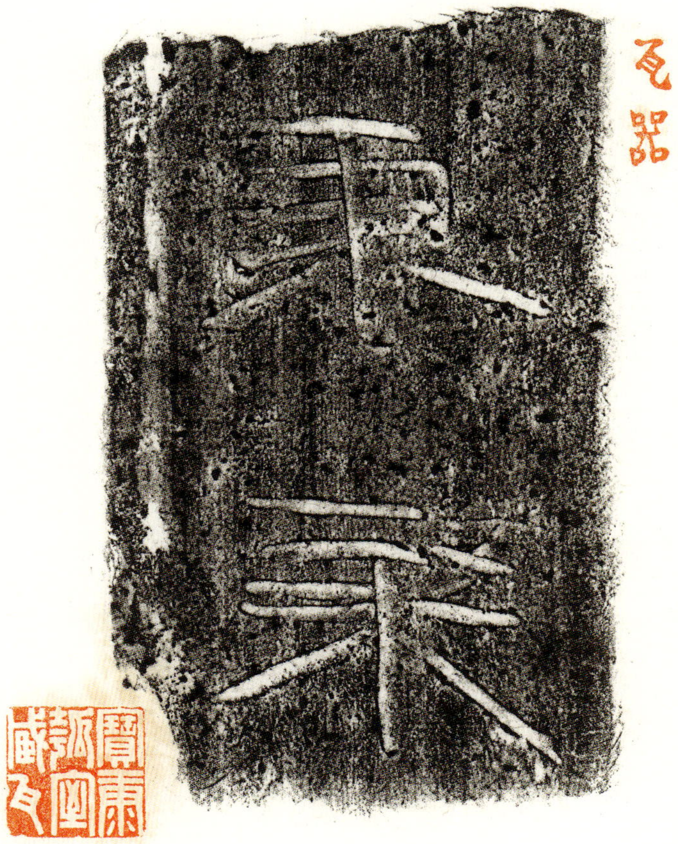

編號01469.12.045–01469.12.048

編號01469.12.049–01469.12.052

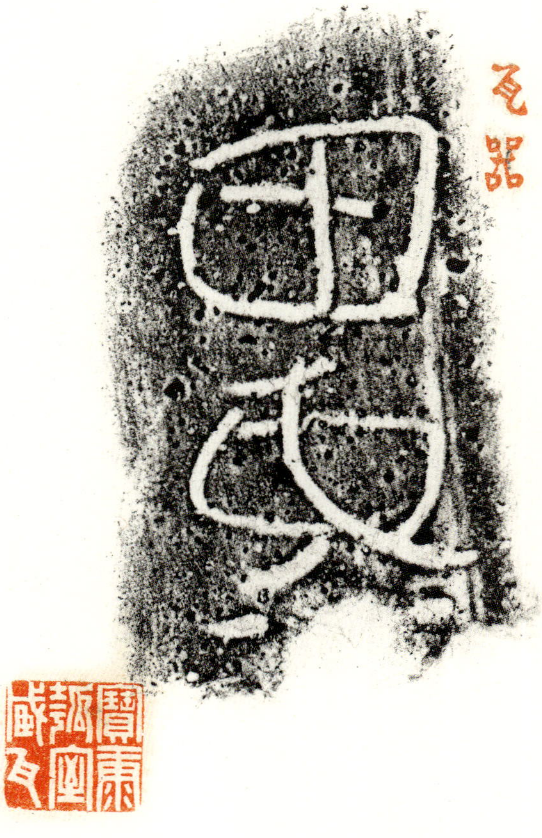

編號01469.12.053–01469.12.056

編號01469.12.057–01469.12.060

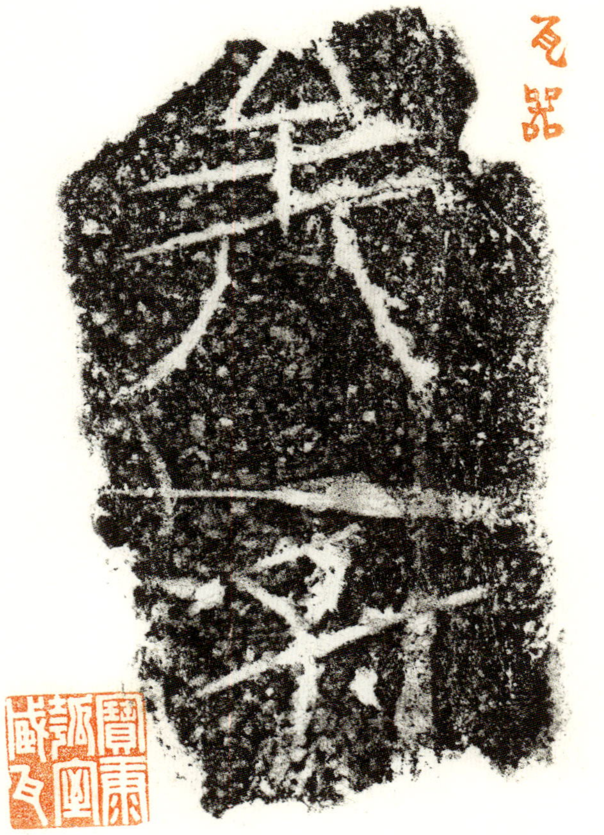

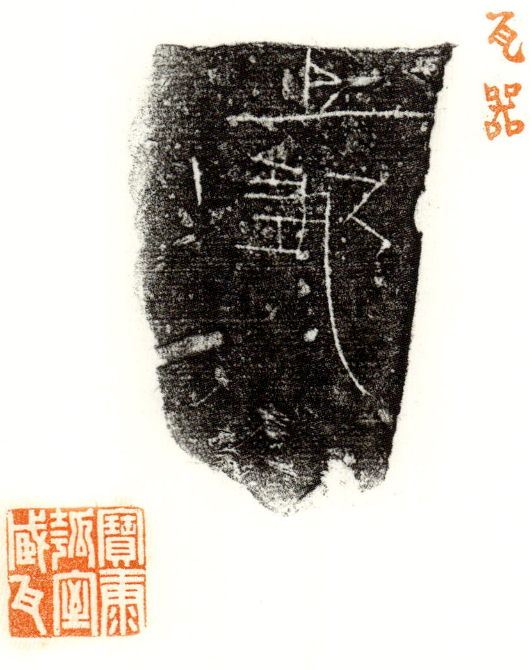

編號01469.12.061–01469.12.064

瓦器

瓦器

瓦器

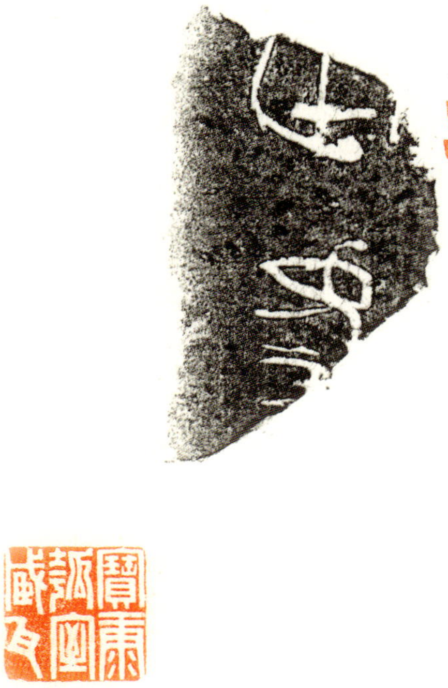

瓦器

編號01469.12.065–01469.12.068

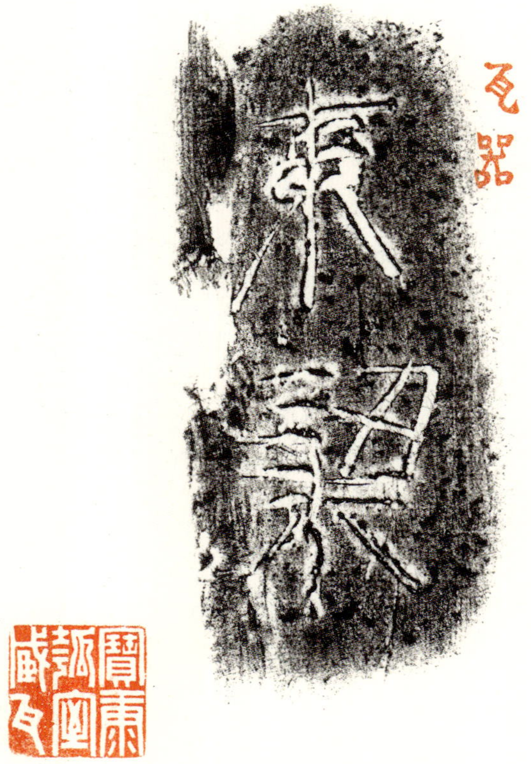

编號01469.12.069–01469.12.072

瓦器

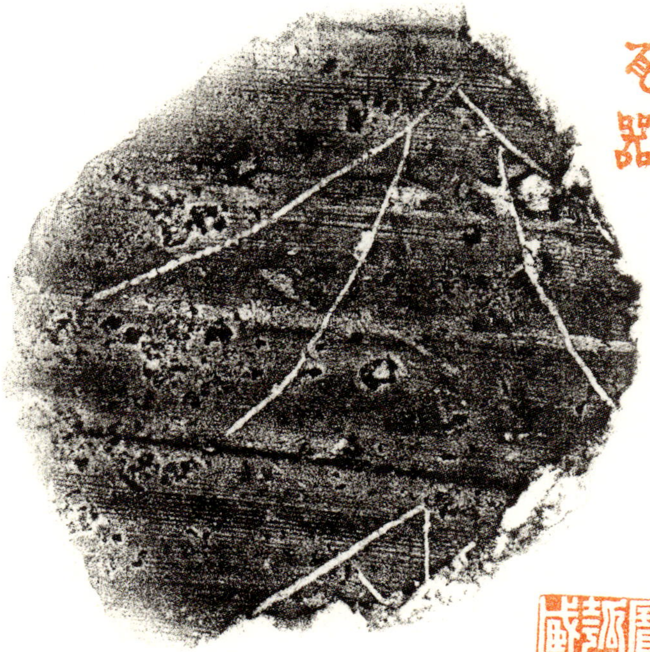

瓦器

瓦器

瓦器

編號01469.12.073-01469.12.076

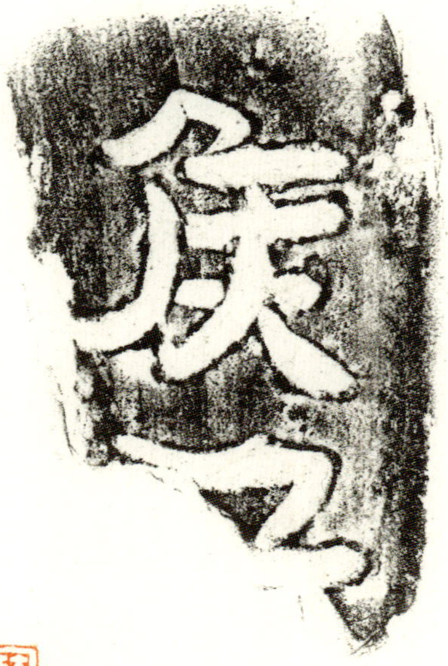

瓦器

瓦器

瓦器

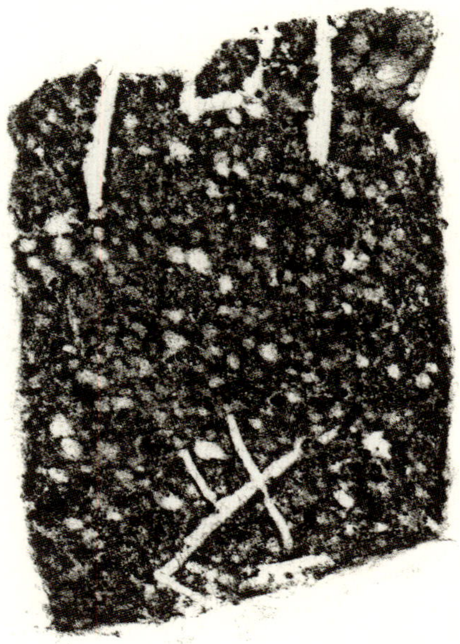

瓦器

編號01469.12.077–01469.12.080

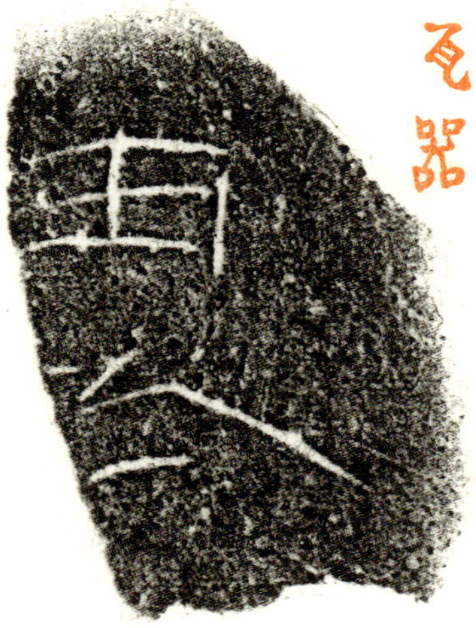

瓦器

瓦器

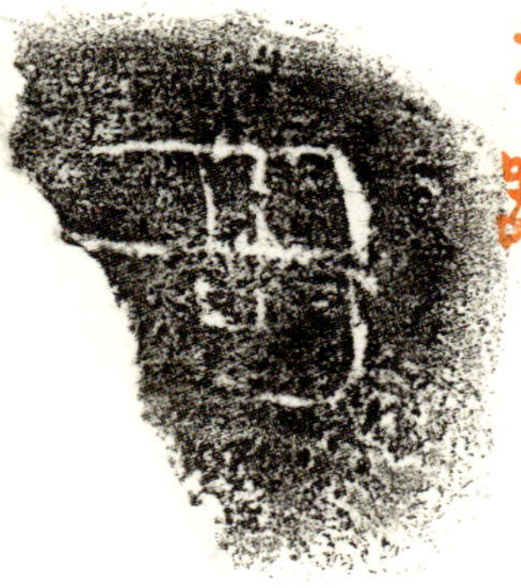

瓦器

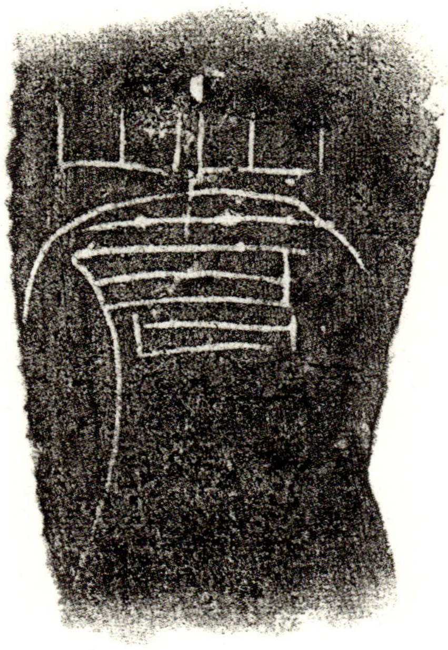

瓦器

編號01469.12.081–01469.12.084

編號01469.12.085–01469.12.088

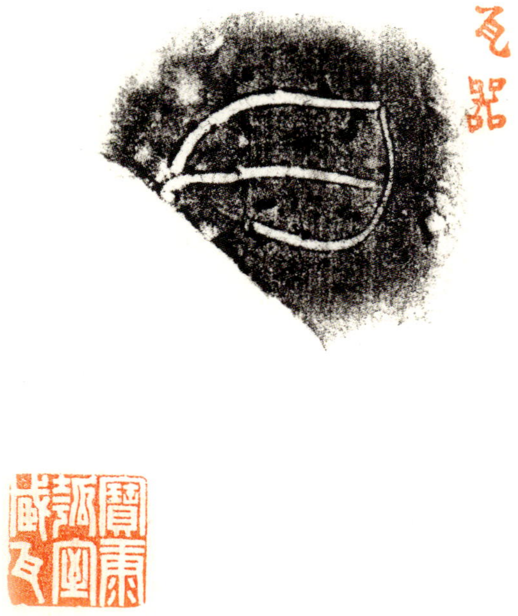

編號01469.12.089–01469.12.092

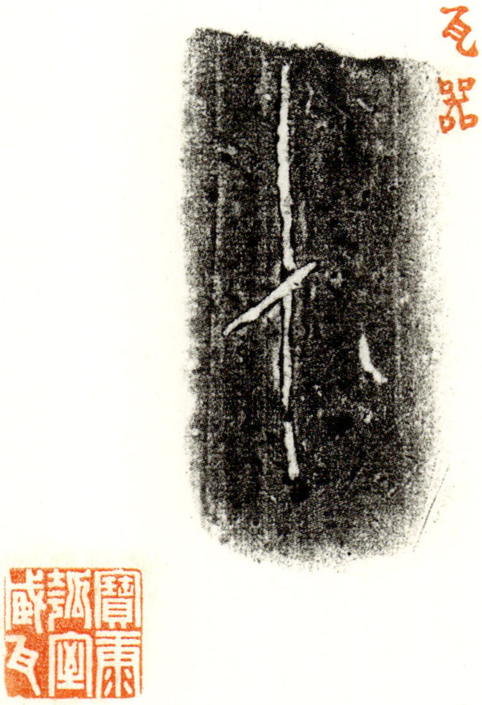

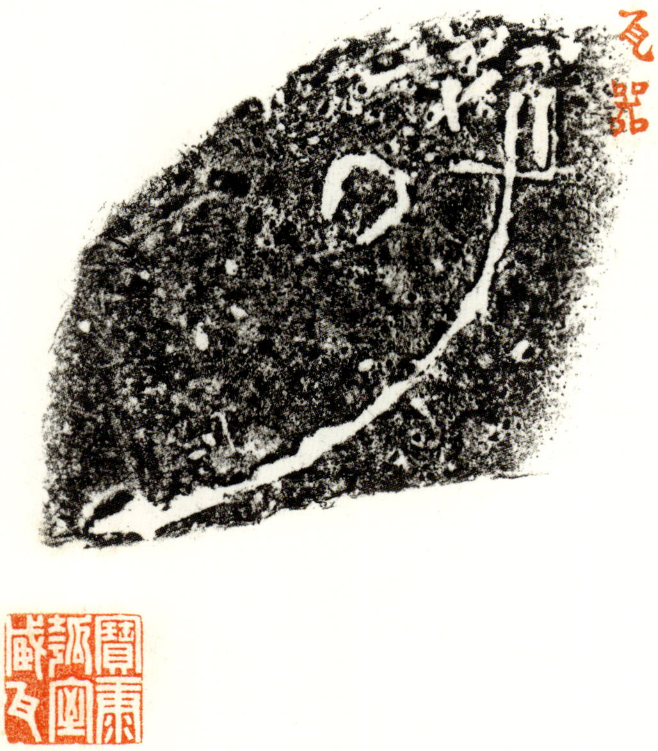

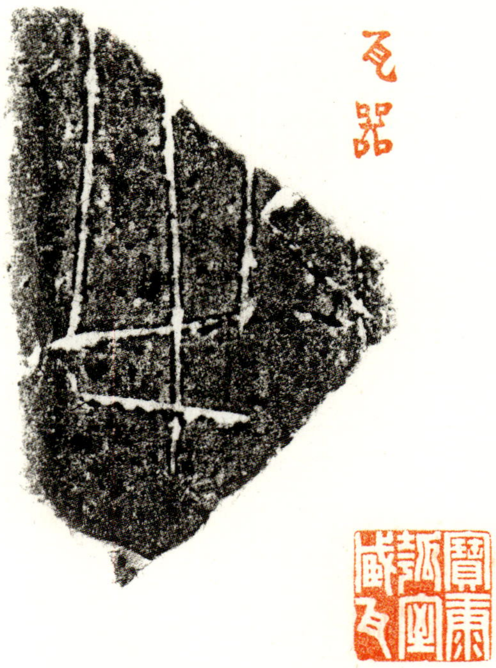

編號01469.12.093–01469.12.096

編號01469.12.097–01469.12.100

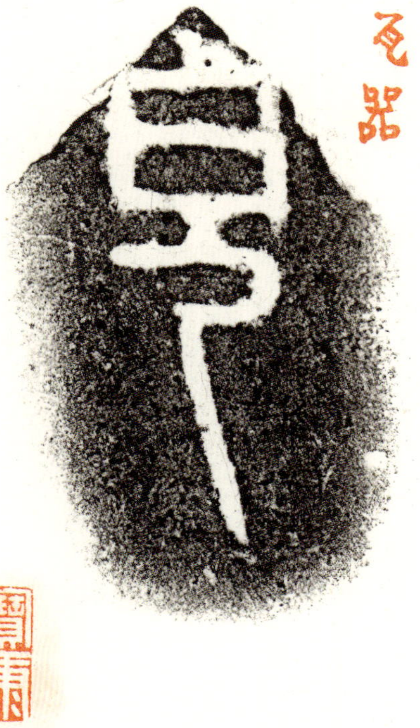

編號01469.12.101–01469.12.104

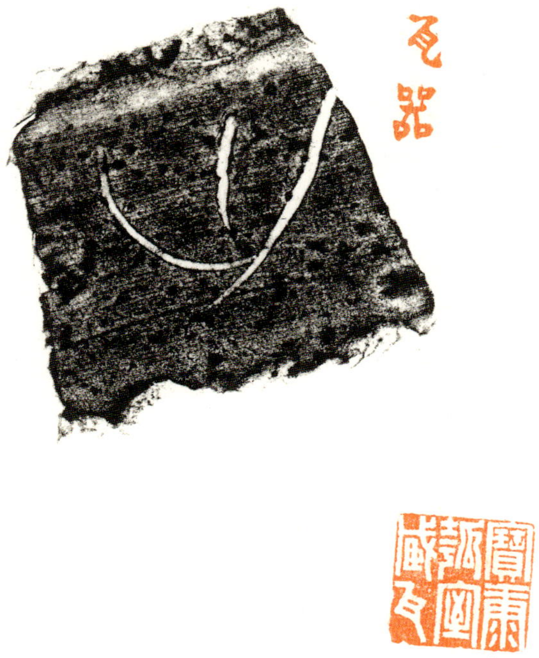

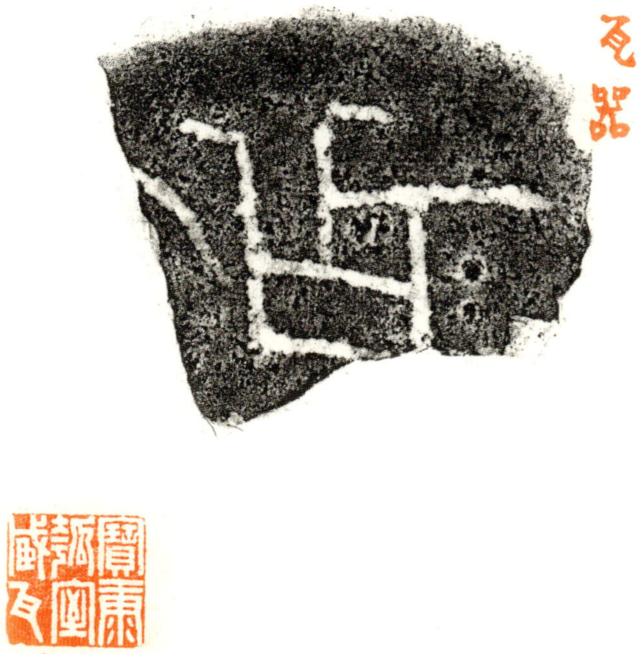

編號01469.12.105–01469.12.108

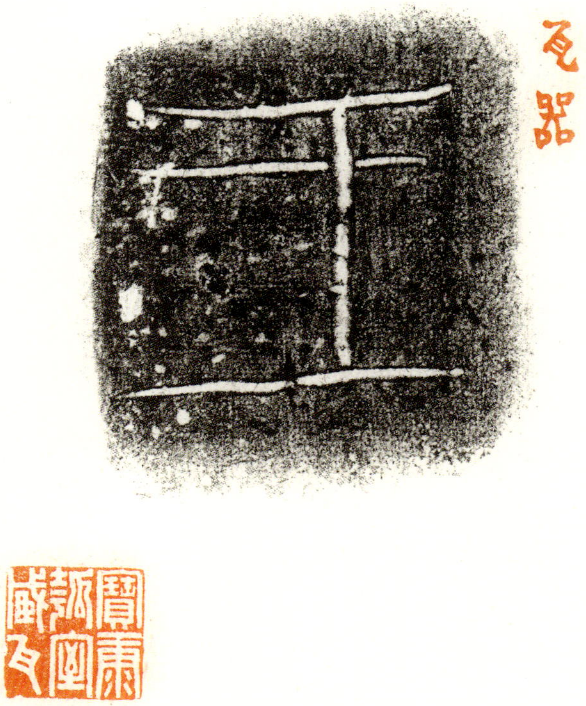

編號01469.12.109–01469.12.112

編號01469.12.113–01469.12.116

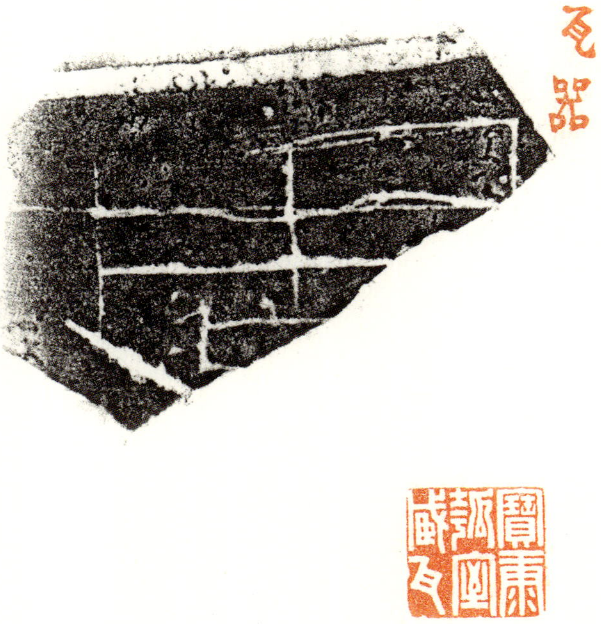

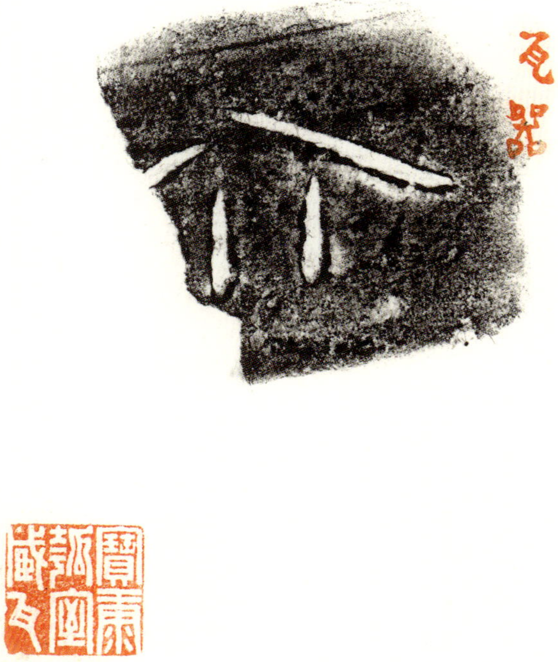

編號01469.12.117–01469.12.120

瓦器

瓦器

瓦器

瓦器

編號01469.12.121–01469.12.124

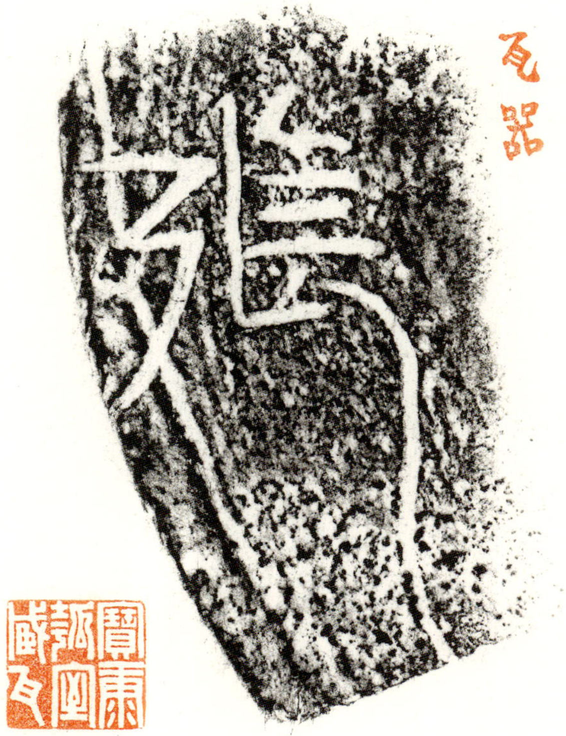

編號01469.12.125–01469.12.128

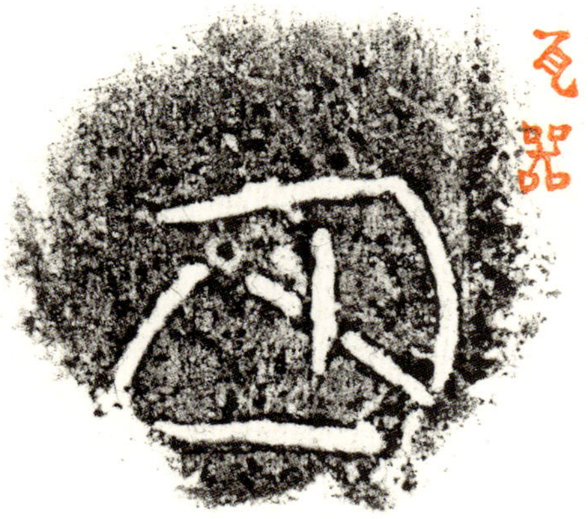

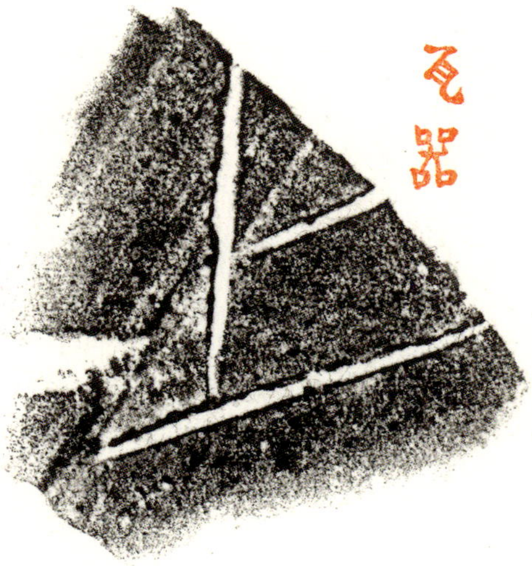

編號01469.12.129–01469.12.132

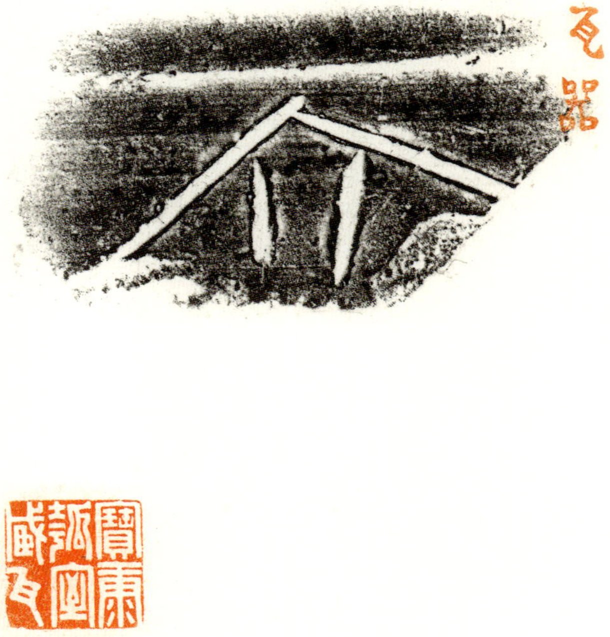

編號01469.12.133–01469.12.136

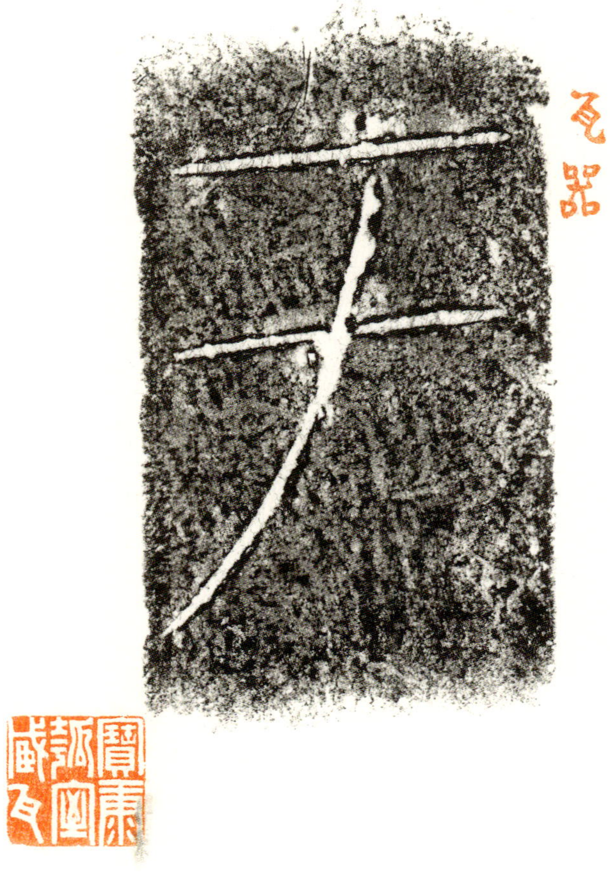

編號01469.12.137–01469.12.140

瓦器

瓦器

瓦器

編號01469.12.141–01469.12.143

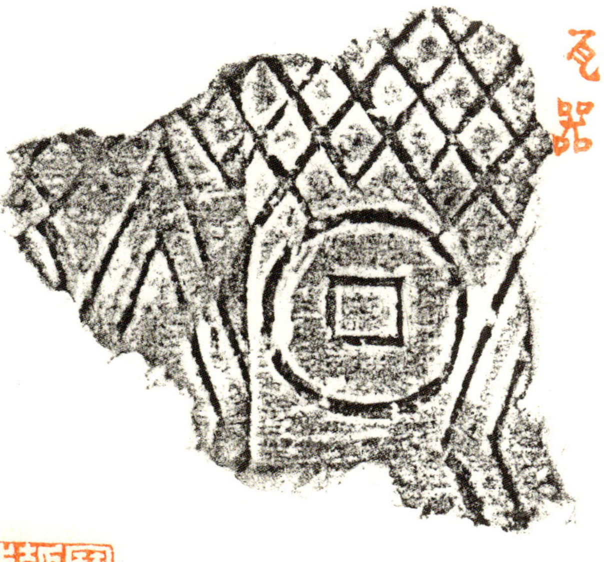

編號01469.12.144–01469.12.147

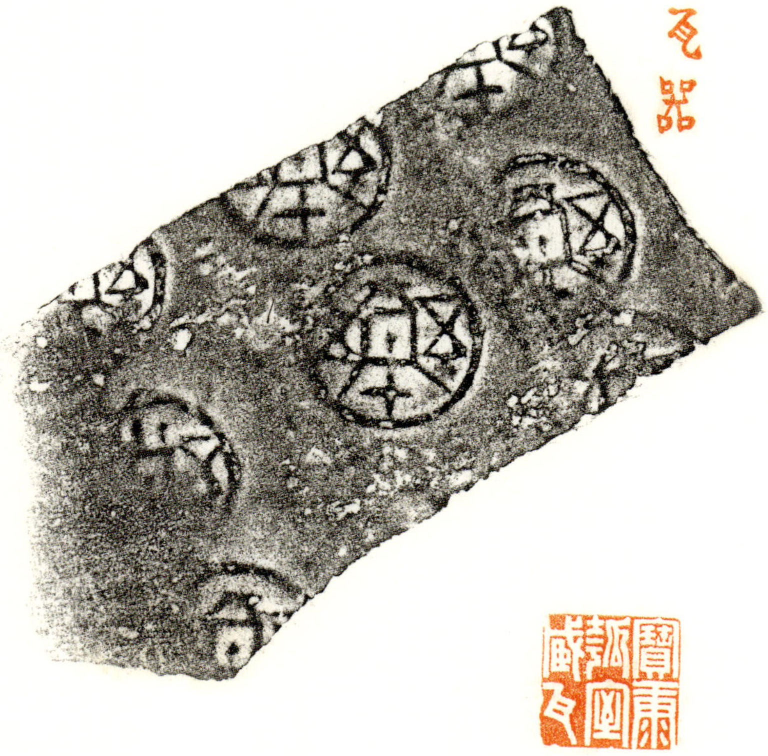

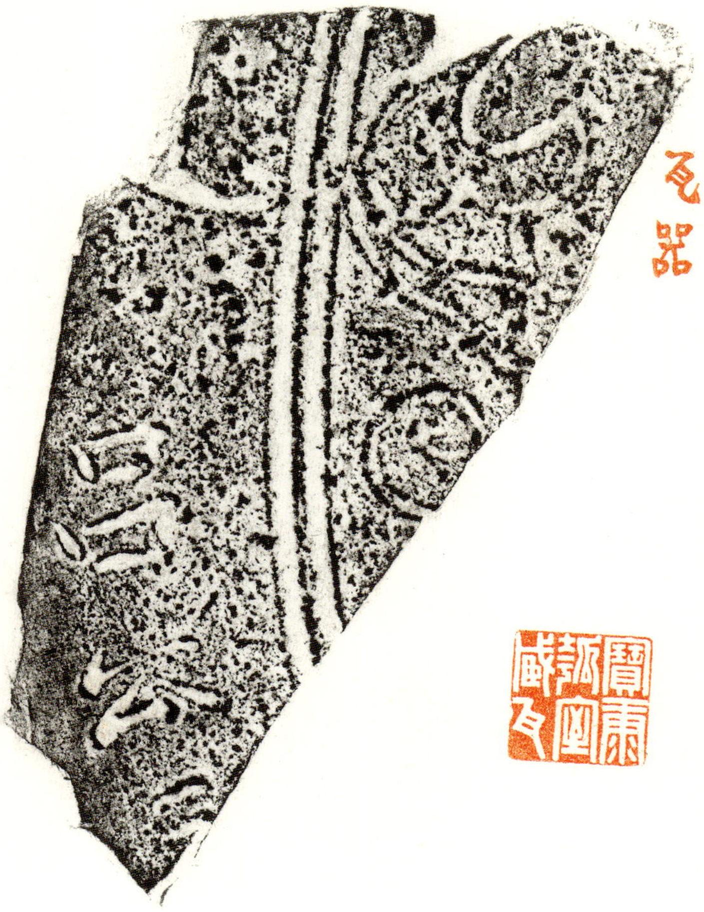

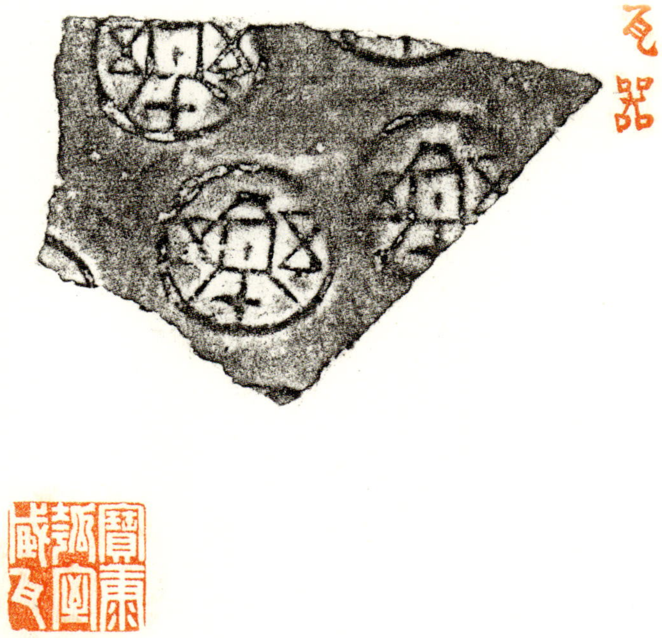

編號01469.12.148–01469.12.151

編號01469.12.152–01469.12.155

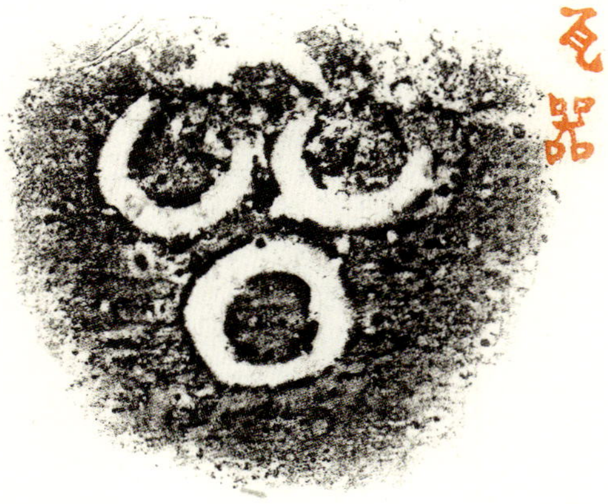

編號01469.12.156–01469.12.159

瓦器

瓦器

瓦器

瓦器

編號01469.12.160–01469.12.163

瓦器

瓦器

瓦器

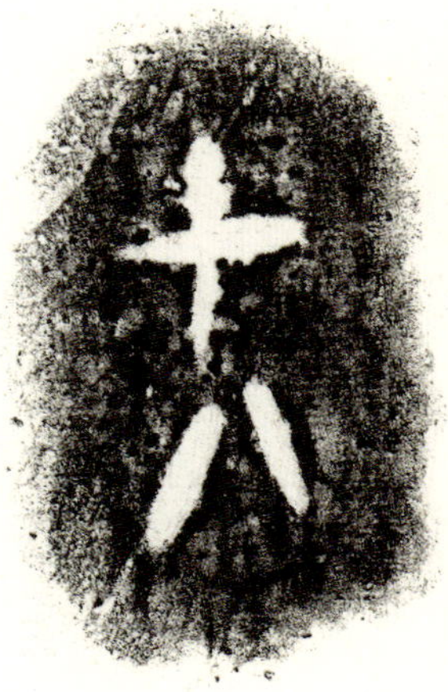

瓦器

編號01469.12.164–01469.12.167

瓦器

瓦器

瓦器

瓦器

編號01469.12.168–01469.12.171

瓦器

瓦器

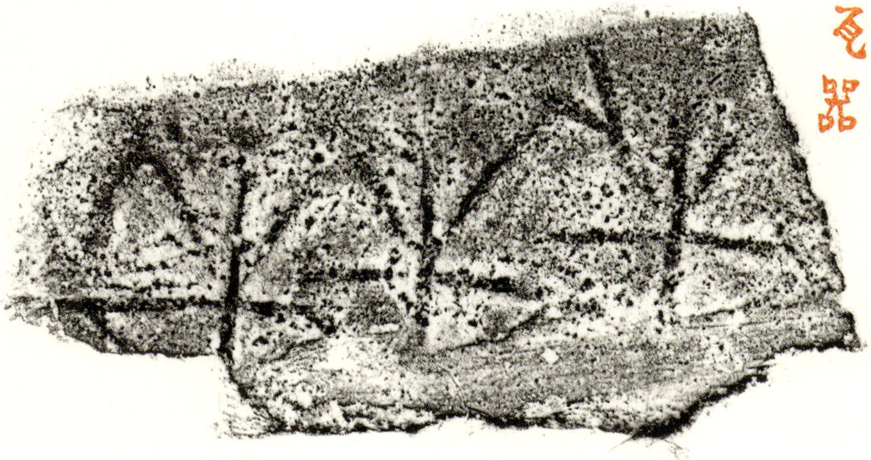

編號01469.12.172–01469.12.173

瓦器

瓦器

瓦器

瓦器

編號01469.12.174—01469.12.177

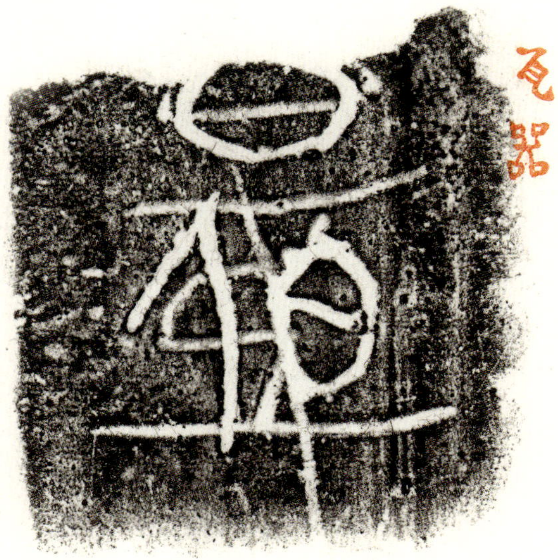

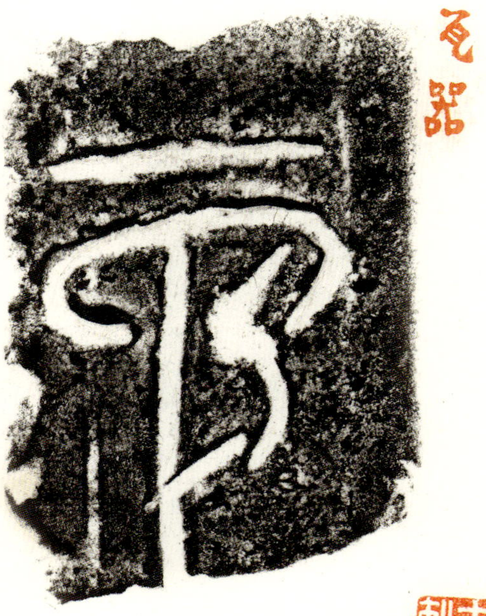

編號01469.12.178–01469.12.181

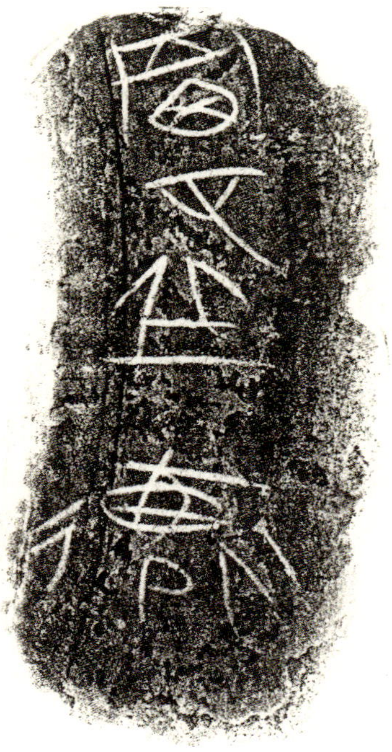

瓦器

瓦器

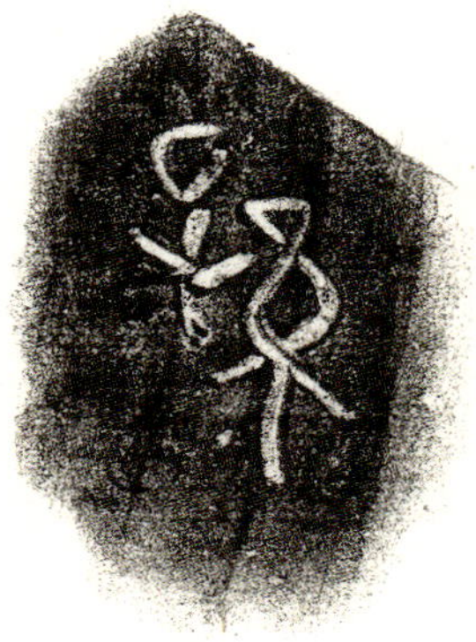

瓦器

瓦器

編號01469.12.182-01469.12.185

瓦器

瓦器

瓦器

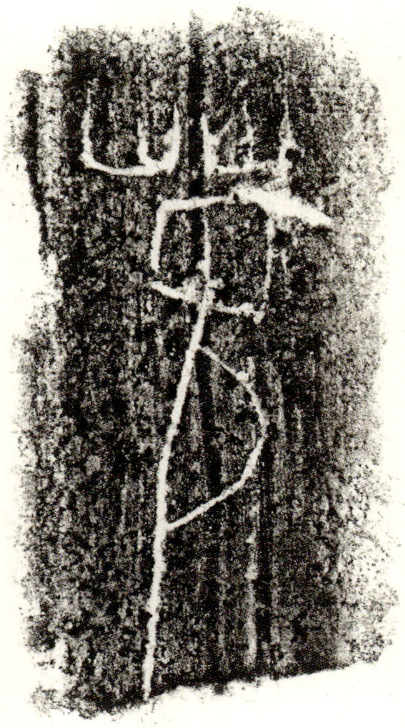

瓦器

編號01469.12.186–01469.12.189

瓦器

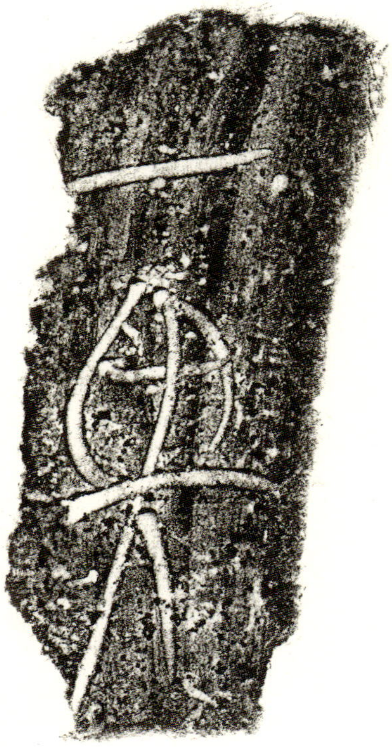

瓦器

瓦器

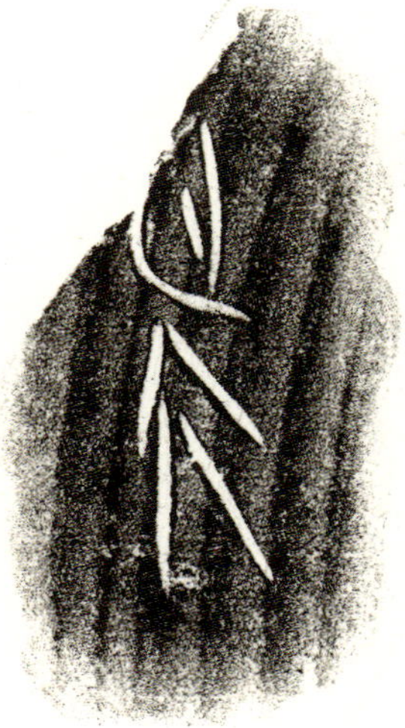

瓦器

編號01469.12.190–01469.12.193

編號01469.12.194-01469.12.197

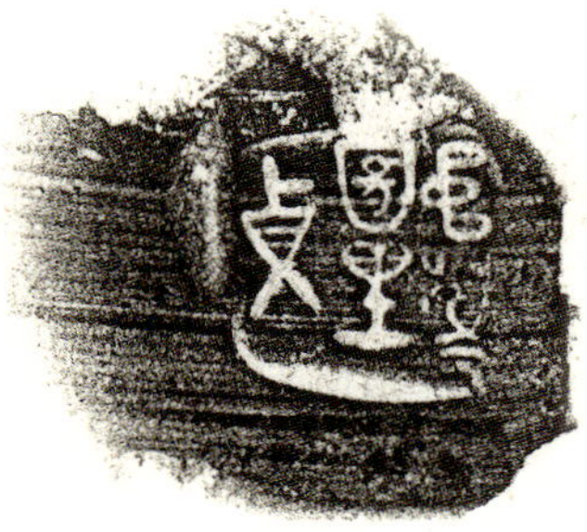

瓦器

瓦器

瓦器

瓦器

編號01469.12.198–01469.12.201

瓦器

瓦器

瓦器

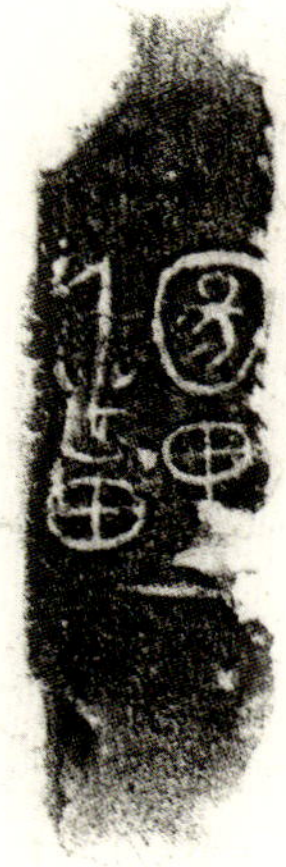

瓦器

編號01469.12.202–01469.12.205

瓦器

瓦器

瓦器

瓦器

編號01469.12.206–01469.12.209

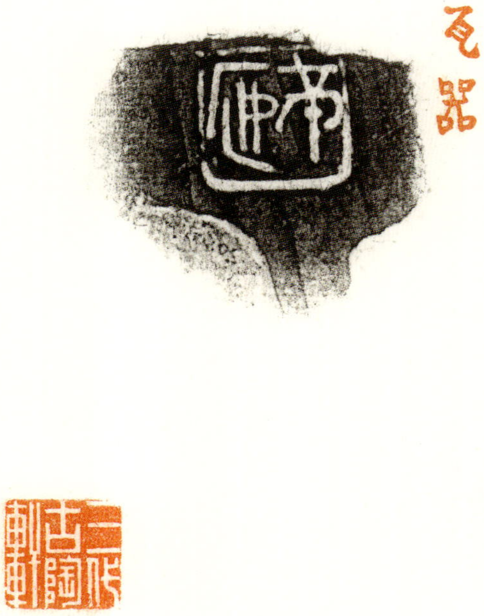

編號01469.12.210–01469.12.213

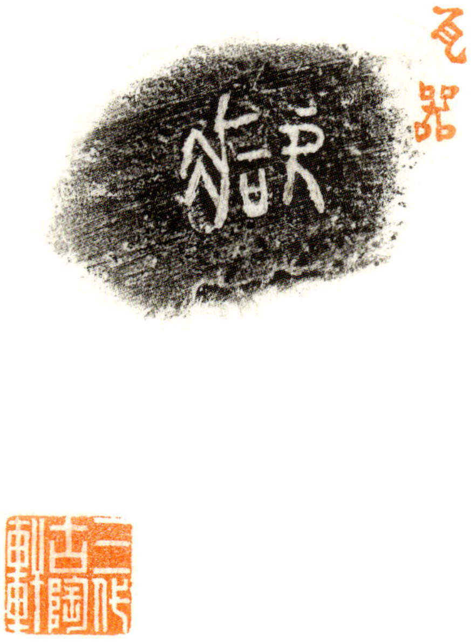

編號01469.12.214–01469.12.217

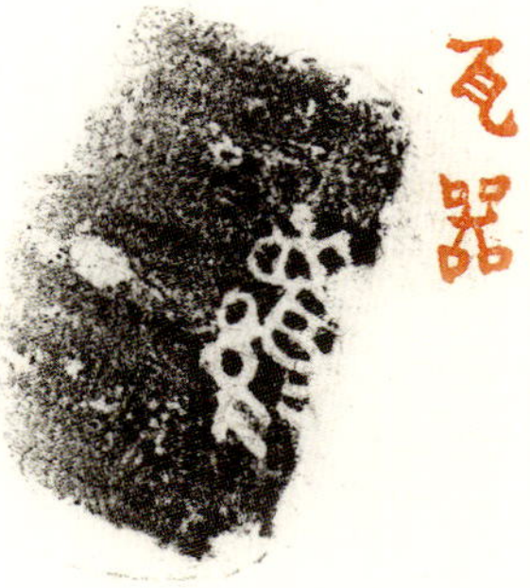

編號01469.12.218–01469.12.221

瓦器

瓦器

瓦器

瓦器

編號01469.12.222–01469.12.225

編號01469.12.226–01469.12.229

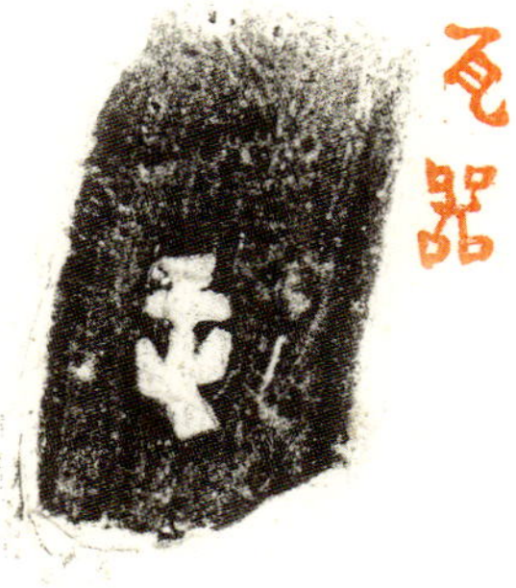

編號01469.12.230–01469.12.233

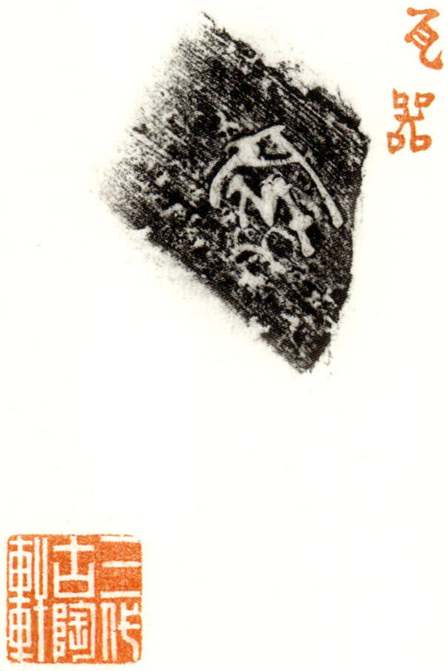

編號01469.12.234–01469.12.237

編號01469.12.238–01469.12.241

編號01469.12.242–01469.12.245

瓦器

瓦器

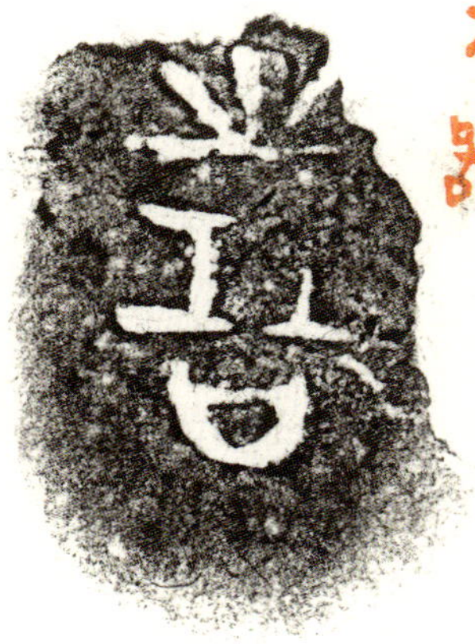

瓦器

瓦器

編號01469.12.246–01469.12.249

瓦器

瓦器

瓦器

瓦器

編號01469.12.250–01469.12.253